マンガでやさしくわかるU理論

Theory U

日本能率協会マネジメントセンター

はじめに

100年後の歴史の教科書に21世紀初頭という今の時代はどのように描かれているのでしょうか?

18世紀半ばからイギリスで始まった産業革命以降、急速に工業化の波が押し寄せ、それまでの生活とは一変したことを思うと、わずか200年強の間に生み出された様々な土台のうえに、私たちの21世紀は生み出されてきたようにすら思えます。

その新しく生み出された土台は、新しい命を宿し得る肥沃で盤石な大地のようなものなのか、それとも一寸先は冷たく暗い海の中に放り出されてしまうかもしれない薄氷のようなものなのか、その答えとなり得る姿が21世紀という時代の中で映し出されていくのではないでしょうか?

もし、仮にそうした時代の変化が私たちの立っている地面の下、すなわち認識の及ばない領域で生じており、私たちの気がついていないところで、その影響が足下のすぐそばまで及んでいるのだとしたら、私たちはどのように次の一歩を踏み出していけばよいのでしょうか?

21世紀に生きる私たちがその命題に向き合い、確かな一歩を踏み出していけるように生み出されたのが本書でご紹介させていただくU理論です。

答えの見えない状況の中で、いかに答えを生み出していくのか、過去の延長線上にはない全く新しいイノベーションを何が可能にするのか等についてU理論は実践的な原理・原則として解き明かしています。

著者自身、約10年にわたりU理論を元にしたセミナーや組織変革にまつわるファシリテーションを行ってまいりましたが、個人、ペア（1対1）、チーム、組織、社会といった様々なレベルで劇的な変容を遂げていく場面に立ち会わせていただきました。

個人のレベルでは、自己変容を遂げ、まるで別人かのように表情が豊かになり、誰と比べるのでもなく、自らの道を歩み始める人が数多くいました。ペア（1対1）のレベルにおいては、反目しあったまま和解の余地が一切ないように見えていた関係性が劇的に変容し、新しいパートナーシップを築き上げる人達も珍しくはありませんでした。チームや組織のレベルでは業績の低迷に伴い、袋小路にはまり込んでいる状態から、V字回復を果たすというケースもいくつもありました。そして、社会のレベルでは医療や教育等の現場において、様々な関係者を巻き込みながら新しい未来を創り出している事例も登場し始めています。

「眉唾なのではないか？」と疑いたくなるような結果の数々が様々なレベルで可能になっているのは、U理論が指し示している原理・原則がより普遍的かつ実践的なものであるという証でもあります。

U理論は普遍的で実践的なものではありますが、本を読んで頭で理解しさえすれば、実践に移せるという類のものではありません。

それは自転車の乗り方や、水泳の仕方を本で読んで理解できたからといって、実際に自転車をこげるわけでも、泳げるようになるわけでもないことと似ています。

実際に自転車に乗ってみる、泳いでみるのと同じように、U理論はまず試してみることでより理解が深まり、日常生活においても実践ができるようになります。

本書はそうしたU理論の特性を踏まえつつ、「とりあえず、気軽に試してみる」ことが可能になるようにつくられており、入門書というより、スタートアップマニュアルのようなものに仕上がっています。

マンガのストーリーによってU理論の概観やその過程によって生まれる変化のイメージをつかみつつ、解説や図版で理解を深めていただくことに主眼を置いています。それに加えて特典として動画もご用意しています。動画を視聴しながらワークシートを使って実際に自分の置かれた状況に対してU理論をご体験いただくことで単なる知識にとどまらず、体験を伴った腹落ちした理解につながればと願っております。

そうした狙いから、本書では比較的具体的なイメージを抱きやすく、かつ、多くの人が抱えがちな1対1の人間関係上の問題を解決することに主眼を置いて、U理論をご紹介させていただいております。

先述の通り、U理論は1対1の人間関係に留まらず、幅広い範囲で応用可能ですので、さらに理解を深めたい、より本格的に実践してみたいという方は、他の書籍、インターネット記事などをご参照いただき、体験的に身につけたいという方は講演会やセミナーなどにも足をお運びいただけると幸いです。

本書との出逢いが皆様の人生のターニングポイントとなるよう関係者一同、心を込めてつくりました。

どうぞ、最後までお楽しみください。

さあ、U理論が映し出す可能性の旅路へと足を進めてまいりましょう！

２０１５年8月吉日

中土井　僚

マンガでやさしくわかるU理論　目次

Prologue

ロジカルな問題解決の限界

Part 1

U理論とは

Part 2

［レベル1］ダウンローディング

ダウンローディングに気づくようにして保留を意識したら
議論が活発になりました

Part 5

［レベル4］プレゼンシング1
〜出現する未来への入り口〜

Part 6

［レベル4］プレゼンシング2 ～出現する未来から学ぶ～

Epilogue

リーダーシップの実現とU理論

そして私も
きっとあなたに嫌な思いをさせていたんだろうと思います

Prologue

ロジカルな問題解決の限界

唐松《からまつ》味噌株式会社――
唐松味噌
マーケティング部部長に就任する久米祥子《くめしょうこ》さんです
よろしくお願いいたします
前職のカーサコンサルティング社では食品メーカーのマーケティング戦略プロジェクトを多数担いました
久米祥子《くめしょうこ》(32)
Story 0
なぜ空回りしてしまうのか?
お昼――
久米部長お昼みんなで一緒にどうですか?
うまいラーメン屋が
あ、私は結構です
お弁当を持ってきているので
すっ
あ…そうですか…?

味噌バター…ですか?
味噌バター サンプル
我が社の新商品だ これを市場に売り込むプロジェクトを展開中なのだが…
どうも売上が伸びなくてね
それが私のミッションですね
外部から転職したばかりの君が活躍できるように
全面的にバックアップするから好きにやってくれたまえ
おまかせください
これだけ任されていれば思い切った改革ができる!
みなさん!
味噌バターの売り上げを今期末までに今の2倍にします
今までのやり方は捨て今後は私の指示通りに動いてもらいます
えっ

※クロスセリング…関連商品の購入を顧客に促す販売手法

それから数週間後——
新たな動きを感じさせる結果にはなっていないわね…
ビジネスはスピードが命なんです
とにかく指示通り素早く動いてください
さらに数週間後——
ん？

データを見ると田麦さんの担当エリアでクロスセリングが徹底されていないようですが
営業連中は納得していません
もっと理解が得られるように現場の意見に耳を傾けるべきじゃないんですか?
戦略は論理的に完璧な整合のとれたものになっているんです
それに反発する現場を動かすのがあなたたちの仕事じゃないですか
……

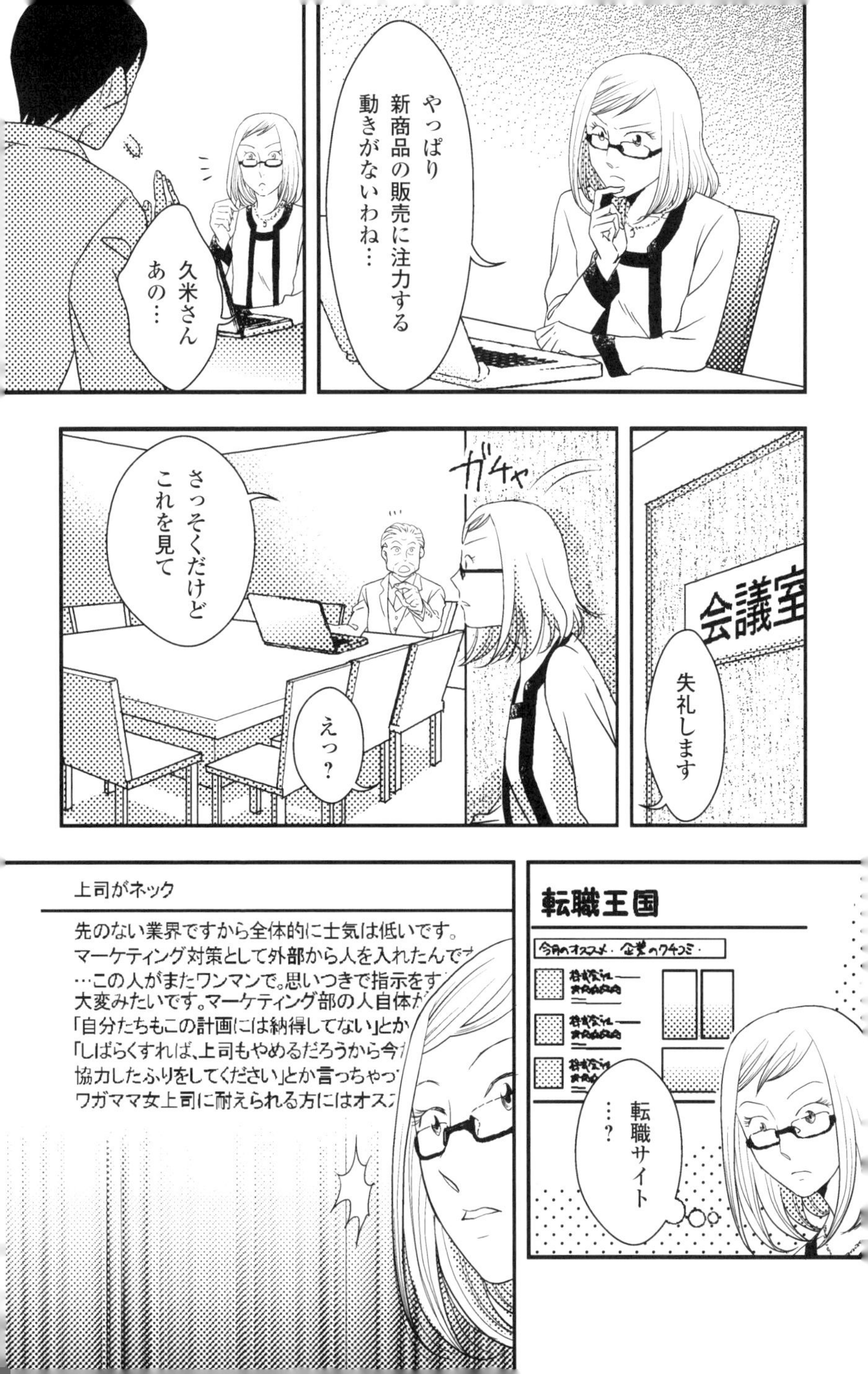
やっぱり新商品の販売に注力する動きがないわね…
久米さんあの…
会議室
失礼します
ガチャ
さっそくだけどこれを見て
えっ？
転職王国
今月のオススメ・企業のクチコミ・
転職サイト…？
上司がネック
先のない業界ですから全体的に士気は低いです。
マーケティング対策として外部から人を入れたんです
…この人がまたワンマンで。思いつきで指示をす
大変みたいです。マーケティング部の人自体が
「自分たちもこの計画には納得してない」とか
「しばらくすれば、上司もやめるだろうから今
協力したふりをしてください」とか言っちゃっ
ワガママ女上司に耐えられる方にはオス

こ、これ私のこと…!?
誰がこんなこと書いたの…!?
困るんだよねー
君をヘッドハントしたことで
改革どころか会社のブランドイメージを下げることになっては本末転倒だ
今度同じようなことが起きると後がないからね
え!?
しっかりやってくれたまえ
いいね?
はい…
全面的にバックアップするって言ってたのに!?
ぐ…

はー…
土日晴れか…
…山に行こう…
そして土曜日――
やっぱり山は気持ちいいなぁ…
全面的にバックアップするから好きにやってくれたまえ
今度同じようなことが起きると後がないからね
今日は思い出さないっ
ザァアー…
えっ雨っ!?
早く下山しなきゃ
どっ

いた…
ズキン
なんで…
ぐっ
大丈夫？
くじいたの？
にこっ
立てる？
登山口まですぐだから
一緒に行きましょう
荷物持ってあげる
あ…
ありがとう
ございます

じゃあ
僕はここで
ザーーー
ちゃんと医者にみせなさいね
は、はい
ありがとうございました
せっかくの週末なのに
遠出もできずにおとなしくしなきゃいけないなんて…
…でも山で人に優しくしてもらえたし…
来週からまたがんばろーっと
あの人ちょっとお父さんに似てたかな…

日曜日——
くよくよ悩んでも しかたない！ これからどうするか 考えよう！
できない部下を動かす方法
第2位 部下はこう動かせ！
第3位 デキるリーダーになるために
おや もう足は大丈夫？
えっ？
あ…

本当に先日はありがとうございました
目の前で派手に転ばれたら放っておけないでしょ！
はぁ…
よく山に行くの？
昔から好きで…気分転換にも最適ですし
だよね〜頂上から見る景色なんて最高だよね
この人なんだかとっても話しやすい…
そういえばさっきビジネス書を探していたみたいだけど
仕事でなにか悩んでいるの？
実は会社で…

かくかくしかじか…
…だけど部下が動いてくれなくて…
会社の状況を考えたら当たり前のことだしプランは完璧だと思うんですけど…
なるほどね確かにそれは正論だ
だけど問題を捉え間違えているかもしれないね
え？
問題にはふたつの種類があることを理解できていないことが多いんだ
ひとつはジグソーパズル型
手を打てば打つほど
前進だー
自分=問題の外
問題
論理的に分解された個別の施策の積み上げによって解決できる問題
もうひとつはルービックキューブ型
やればやるほど
ぐちゃぐちゃになるって
問題
自分=問題の一部
要素が複雑に絡み合っているために何らかの対策を打つと必ず様々な方向に影響をもたらす問題

あなたの抱える問題はどちらにあたるんだろうね？
おっと そろそろ…
良かったらまたお話ししましょ
これ、僕の名刺
株式会社 雪倉
代表取締役社長
大河内 誠
OKOUCHI MAKOTO
〒000-0000
大河内…さん
ありがとうございましたー
カランカラン

ふたつの種類の問題

01

心機一転のつもりが空回りしてしまう理由

管理職に昇進したり、リーダーとして抜擢されたりといった形で、チームメンバーを束ねる立場になった時や、異動や転職などをして心機一転がんばろうと思っていた矢先に、歯車がかみ合わず、空回りしてしまったという経験があるという方は多いのではないでしょうか？

そうした空回り感のある状況は、職場だけでなく、子育て、夫婦関係、親子関係、サークル活動など、ありとあらゆる現場で起こり得ます。

自分にとって何とか解決したい問題であるほど、あの手この手を尽くして対処しようとしますが、解決するばかりかより泥沼化していくケースも少なくありません。

それはあたかも、もつれた糸を解こうとして、焦って色々と手を出してしまった結果、より糸が絡まってしまうのに似ています。

もしこれが、糸についた汚れを落とすということだけであれば、洗剤を入れて洗濯すればきれいに落ちるということがわかっていますので、あとは手洗いや洗濯機を回すだけということになります。

私たちの身の回りには、糸についた汚れを落とす時のように、達成したい状態（あるべき姿）を明確に思い描くことができ、そのための手順を細分化しさえすれば、あとは実行に移すことで解決できる類の問題があります。そしてそれ以外にも、もつれた糸を解く時のように、全体の状況を捉えつつも、細部にも配慮しながら、解決のための打ち手がさらなる問題の引き金となってもつれ込みを誘発しないように、慎重に対応しなければ解決できない複雑な問題があることを感覚的に知っています。

しかし、実際には**どういった類の問題が、あるべき姿と手順を明確にすれば解決できる問題で、どんなものがもつれ込みに陥りやすい、複雑な問題なのかを明確に区別できていない**ものです。

⇩ジグソーパズル型の問題とルービックキューブ型の問題

あるべき理想の姿を描き、そこに向かって手順を明確にすれば解決できる問題には、料理、車の修理、ビルの建築やロケットの打ち上げなどがあります。こうした類の問題は、**「煩雑な問題」**と呼ばれています。ここでは、イメージをしやすくするために**「ジグソーパズル型の問題」**と名付けています。

こうした問題は、目標達成や問題解決に向けた道筋を論理的に分割することができるうえに、分割された手順は相互に影響を与えないため、それぞれ独立した課題として対策を打つことができるという特徴があります。また、相互に影響することがないため、それを積み上げた分だけ解決に向けた前進が図れます。

手順（ピース）の数が増えれば増えるほど、煩雑になり、時間を要することになりますが、それでもピースがはまれば、ゴールへの階段を単純に一歩昇ったことになり後戻りがないという点がジグソーパズルと似てるといえるでしょう。

一方、何かの解決策をとればとるほど状況が複雑化していく類の問題は、**「複雑な問題」**と呼ばれ、ここでは**「ルービックキューブ型の問題」**と名付けています。

この類の問題は、要素が複雑に絡み合っているため、原因をひとつに特定できないばかりか、何らかの対策を打つと必ず、様々な方向に影響をもたらしていきます。

ほとんどの場合、問題解決を試みようとする人自体がこの問題の一部として当事者となってしまっています。そのため、問題解決を図ろうとした自分も対策後の状況変化に影響を受け、それにまた対応するということを続けているうちに、次第に自分の首を絞めてしまうという特性があります。

図0-1 ふたつの種類の問題

ジグソーパズル型

手を打てば打つほど
前進だー
自分=問題の外
問題

・達成したい状態（あるべき姿）に到達するための手順を論理的に分割し、実行に移せば解決できる問題

・分割された手順は独立しており、相互に影響を与えず、手順を積み上げた分だけ解決に向けた前進が図れる

・問題解決者は問題の外に存在しており、問題を引き起こす原因（当事者）にはならない

ルービックキューブ型

やればやるほど
ぐちゃぐちゃになるうて
問題
自分=問題の一部

・要素が複雑に絡み合っているため、達成したい状態（あるべき姿）を思い描き、実現に向けて手を打っても、その打ち手が必ずしも前進にはならないような問題

・問題解決に向けて分業しても、互いに影響し合うため、一方の前進が他方の後退を招き得る

・問題解決者は問題の一部と化しており、問題を引き起こす原因（当事者）そのものとなっている

⇩ルービックキューブ型の問題が抱える複雑性

問題を、ルービックキューブになぞらえているのは、「6面の色がそれぞれそろっていること」のように、**望ましい状態は明確なのに、それに対してとった打ち手が必ずしも前進にはならない**という点が似ているからです。

ルービックキューブは、赤の面をそろえようとすると、前にそろえた裏側の黄色の面が崩れてしまうということが容易に起こり得ます。すなわち、全体の目標を目指して、良かれと思ってやったことが、他に影響を与え、結果的に全体の目標から遠のいたり、回りまわって、将来の自分の首を絞めたりすることになることを意味しています。

ルービックキューブがジグソーパズルと比べて複雑なのは、絡みに絡まった糸を解くのと同様に、自分のつくり出した一手が自分の理解を超えた形で影響を与え、結果的に問題解決者である自分も問題の一部と化してしまうからです。

ジグソーパズル型の「煩雑な問題」であれば、辛抱強く取り組んでいけば、ゴールにたどり着くことはできます。

しかし、ルービックキューブ型の「複雑な問題」は、そもそも自分はその状況を把握しきれていないという前提に立ちつつ、ある状況に対して、自分がこれまで与えてきた影響や、これから与え得る影響を見極めながら一歩踏み出すようにしなければ、問題は解決できないどころか、さらに問題は複雑化し、状況を悪化させてしまいかねません。

また、それだけにとどまらずさらに厄介な特性があります。

ルービックキューブ型の問題に関わっている関係者が増えれば増えるほど、影響の範囲が大きければ大きいほど、問題の原因がひとつに特定しづらくなります。また、問題が症状として表面化するまでに時間の遅れを伴うこともあります。そうした特性により、解決はより困難を極めていくのです。

どれだけ手を尽くしても問題が解決しない、状況が好転しない、むしろ悪化の一途をたどっていると感じている時、自分が抱えている問題はルービックキューブ型の問題であると考えてまず間違いないでしょう。

この物語の主人公である祥子の抱えている問題はどちらの型にあたるのでしょうか？　また、これからどのようにこの問題を乗り越えていくのでしょうか？

物語を読み進めつつ、U理論の世界へと足を踏み入れていきましょう。

Part 1

U理論とは

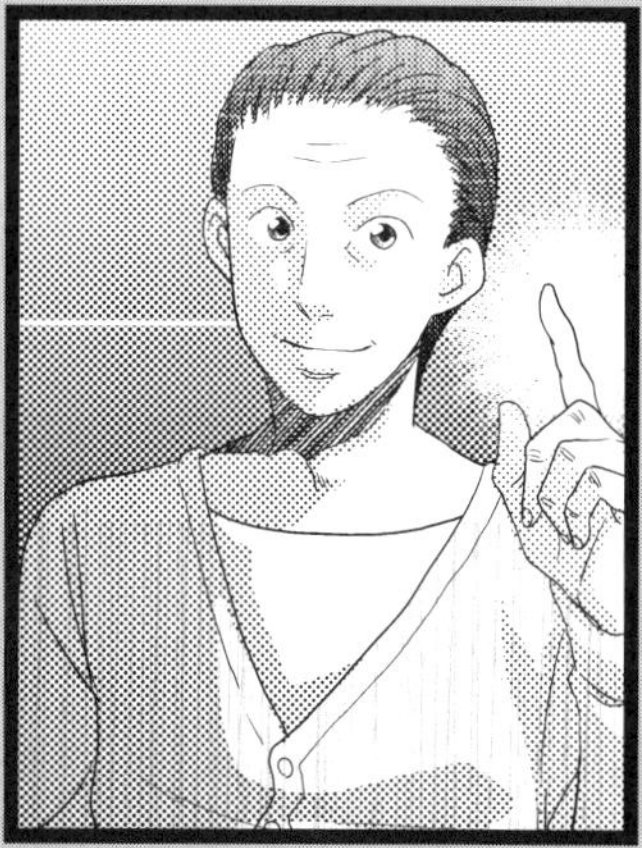

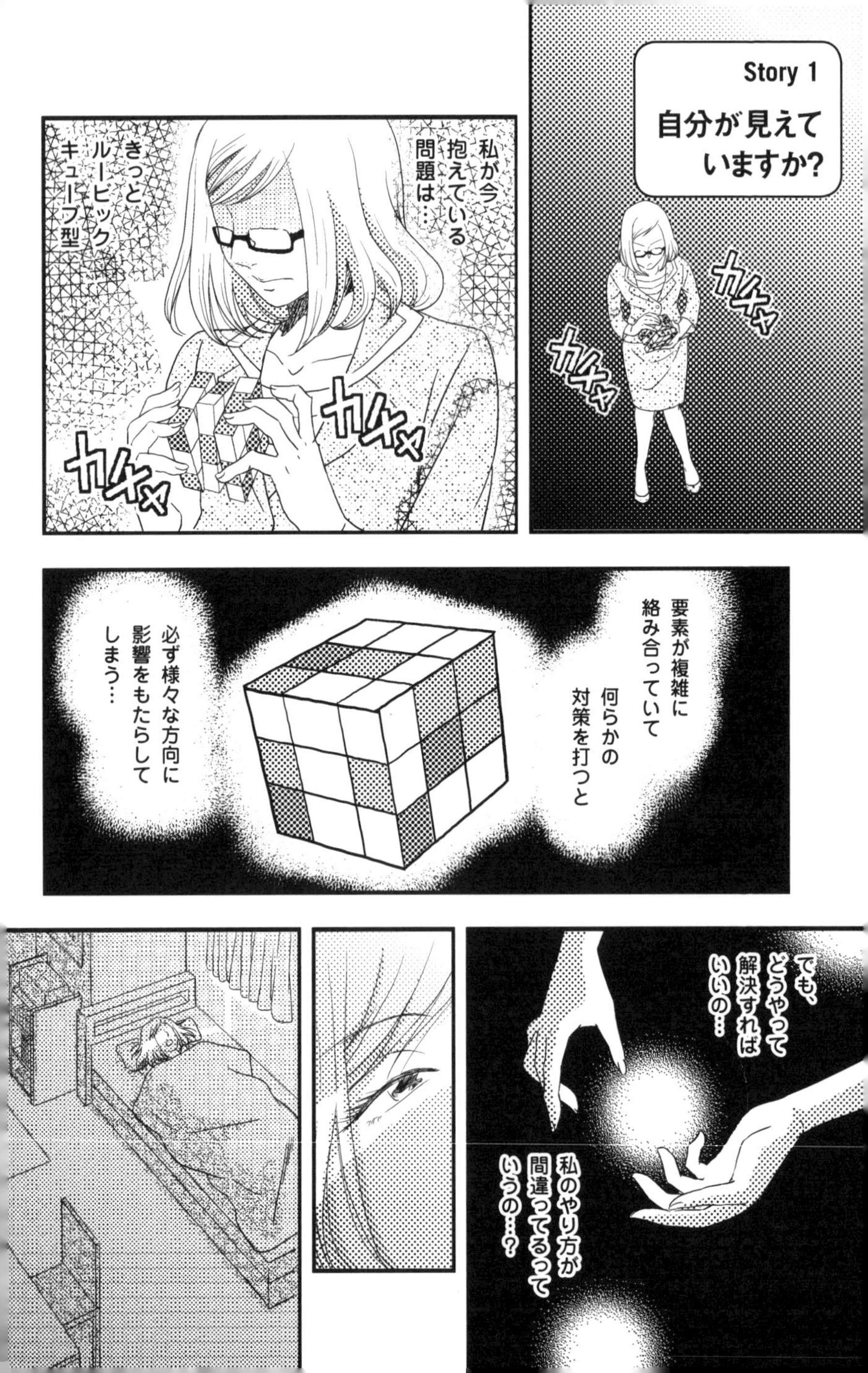
Story 1
自分が見えていますか?
カチャ
カチャ
私が今抱えている問題は…
きっとルービックキューブ型
カチャ
カチャ
要素が複雑に絡み合っていて
何らかの対策を打つと
必ず様々な方向に影響をもたらしてしまう…
でも、どうやって解決すればいいの…
私のやり方が間違ってるっていうの…?

会社――
おはよう
週末どこか行った?
いままでは声かけが足りなかったのよ
ルービックキューブ型なら
私の行動が変わらなければダメということよ
おはようございます!
今日の外回りはどこですか?
キャンペーンの企画書のことなんですけど
ちゃんと報告してもらえませんか?

皆の反応はいまいちだけど私のやり方は間違ってない！
この資料に入れるデータを揃えてもらえますか？
ふいっ
あ、今忙しいんで
頼んでおいた件どうなっていますか？
これからすぐ出なきゃならないんで
スタ
スタ
この書類の内容違いますよ
言われたとおりに書いただけですよ
えっ…
どうして？

がんばっているのに みんなの態度は 悪化する一方…
びくっ
は、はい 久米です！
大河内です まだ仕事中 だったかな？
大河内さん!? 大丈夫です もう帰るところ だったので…
それは ちょうど よかった
これから 時間ある？
Café オーセンティック
あれから どう？
私の問題は ルービックキューブ型だと 思って…
自分の態度を 変えてみたり しましたけど…
うんうん
よかれと思って やっていることが 裏目に出ている 感じがあるんだね
はい そうです

自分がベストを尽くしていようとも相手がそれをどう捉えているのか
すなわちどう認知しているのかは本当のところはわからないものだよね
はい それはそうですよね
それがわかりさえすれば
こんなに空回りしなくて済むのにと思っているんだね？
そうなんです それがわかればこんなに苦労しないのにといつも思っています
でもね もうひとつ見落としがちな「自分に見えていないもの」があるんだよ
それは自分の表情を含めた行動そのものなんだ
え？
それはどういうことですか？

君はこれまで
ムッとしたことや
イライラしたことは
ある？
それは
もちろん
あります！
しょっちゅう
です！
今の仕事でも
そうですし…
では、
その瞬間の表情を
鏡をのぞき込んで
自分で見たことある？
それは
無理です
よね？
そんな時に
鏡を見る余裕も
機会もない
でしょうし
はっ
もしかして
私は生まれてこのかた
ムッとしたり
イライラした表情を
見たことがないと
いうことですか⁉

その通り
キリッ
人は鏡をのぞき込む時に瞬時に準備した顔になってしまっているんだ
でも周りはその見たことのない表情を常に見て態度を決めている
だから普段人にどのくらいひどい顔を晒しているのかを知る由もないんだ
つまりこういうことだ
自分の認知
こんな基礎的なこともできないなんてどうかしてるわ
①
自分の行動
キャンペーンの企画書のことなんですけど
自分の行動（表情）は見えていない
②
相手の認知
この人頭でっかちで視野が狭い！
③
相手が本当はどう思っているのかはわからない
④
現場の意見は納得してませんよ
相手の行動
⑤
現場を動かすのはあなたたちの仕事でしょ！
自分で見ることができない行動に対して、自分の知らないところで相手は認知をする
自分に見えていない領域

出典：『Disscussing the Undiscussable』（ウィリアム・R・ソーナン著）

セルフイメージの中で単に自分の行動を変えようとしているだけで
自分の表情を含めた行動が実際のところどうなっているのか全く知らないいんだ
その上、相手がそれをどう捉えているのかも知らないままなんだよね
ええっ
じゃあ私だけ自分が見えてなくて空回りしているということですか?
それじゃあ裸の王様じゃないですか!?
まあ一言でいえばそういうことだね
それじゃあ私がいままでやってきたことはムダだったの!?
じゃあ、いったい何をどうしたらいいんですか…?

そういう何かを直そう変えようという発想や
考え方自体が限界を生んでいるんだよ
え!?
どういうことですか?
あなたは問題の原因を誰かや何かにあると捉えたり
自分の目に見える言動の何かにあると捉えてそれを変えようとしているよね?
はいそうです
そうでなければ問題を解決できないですよね?
そもそもルービックキューブ型の問題は
当事者となっている自分のあり方や既存の物事の捉え方が
問題を生み出している可能性が高いんだよね
どきっ
えっ
自分の?

アインシュタイン曰く…
今日我々の直面する重要な問題はその問題をつくった時と同じ思考レベルで解決することはできない
ルービックキューブ型の問題に対しては
すぐに何かしようと考えるのではなくて…
ではなくて？
問題を生み出している行動の起点
すなわち自分の内面を見つめ
内面
転換
そうか！
あり方そのものや既存の物事の捉え方を転換することが大切なんだ
それはそうかもしれませんがそんなことはできるんでしょうか？
その秘訣はあるよ

本当ですか!?
教えてください！
ガ
タッ
それはU理論
ゆーりろん…？
聞いたことない…
ルービックキューブ型のような
自分が当事者となっている
複雑な問題を解決するには
有効なんだ

U理論の3つのプロセスと
ソーシャル・フィールドの4つのレベル

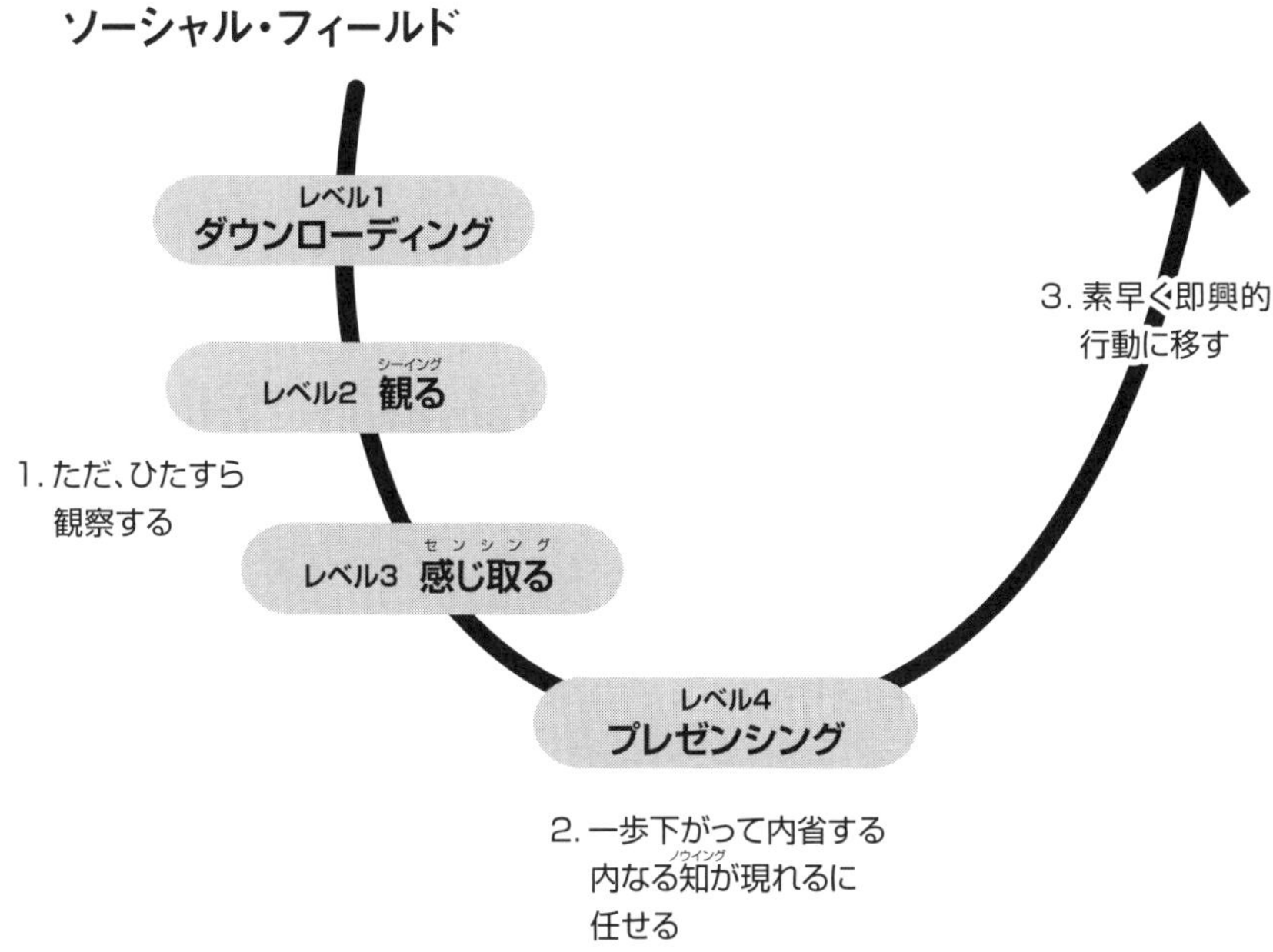
ソーシャル・フィールド
レベル1 ダウンローディング
レベル2 観る《シーイング》
レベル3 感じ取る《センシング》
レベル4 プレゼンシング
1. ただ、ひたすら観察する
2. 一歩下がって内省する 内なる知《ノウイング》が現れるに任せる
3. 素早く即興的
行動に移す

U理論には 3つのプロセスが あるんだよ
特にUの谷を くぐっていく 左側のプロセスは 意識の変容を 示していて
ソーシャル・フィールドと 呼ばれる4つのレベルが 存在しているんだ
えっ どういうこと…？

認知と行動のループ

〜コミュニケーションを悪化させる根本的な原因〜

01

⇩行動を変えても問題は解決しない

自分が抱えている問題は、ジグソーパズル型ではなく、ルービックキューブ型の問題ではないかと思い、自分の態度を改めようとし始めた祥子。

上司－部下関係に留まらず、誰かとのやり取りにおいて何か問題を抱えた時、その状況をなんとかしたいと思えば思うほど、自分の態度を改めようとする人は多いのではないでしょうか？

ところが、自分が状況に影響を与える一因となっているようなルービックキューブ型の問題において、「行動」や「態度」を改めるアプローチは、ことごとく逆効果になりやすいものです。

上司－部下関係や職場の人間関係のように、明確な利害関係があるような状況であるほど、せっかく自分が行動を変えたり、態度を改めたりしているのに、状況が一向に改善されないままだと、次第に「なんで自分ばかりこんな苦労をしないといけないんだ！」という犠牲者意識に襲われ、次第に相手に対する非難の気持ちが高まっていきます。

そうした気持ちがエスカレートした結果、相手の人間性や人格の否定に至ることも珍しくありません。また、それだけでなく、人によっては、そうした状況を変えられない自分を責めてしまい、自分を全否定してしまうこともあるほどです。

自分の中で犠牲者意識が生まれたり、「私はやれるだけのことをやっているんだから、私の側の問題じゃない！」と自己正当化したくなる気持ちが自分の中に存在し、何をやっても状況が変わる気配がない（もしくはより悪化している）という状況において、大切なスタンスがあります。それはこうした状況において、**「『自分の行動や態度を変える』という方策が有効ではないのかもしれない」**という認識に立つことです。そうすることにより、状況の悪化に拍車をかけることなく、問題解決の糸口をさぐれるようになります。

とは言っても、「頭ではわかるけれど、行動を改めたとしても問題が解決しないのだとしたら、一体どうしたらいいんだ？」「結局、その人の魅力や人としての器の大きさといった素質論の話になるんじゃないか？」と思われる方もいるのではないでしょうか。

この一見、単なる素質論に見えてしまうものを再現可能な形で捉えること。それが本書のメインテーマとなります。

⇩認知と行動のループ

このテーマを始めるにあたり、組織開発コンサルタントのウィリアム・R・ノーナンが提唱しているコミュニケーションに関するループ図をご紹介しましょう。

この図は人と人との間でコミュニケーションが行われる際の相互作用を表しており、**「自分の認知」「自分の行動」「相手の認知」「相手の行動」**という4つの要素が循環的な因果関係をもつものとして表現されています。

物語を例にすると、祥子は部下である田麦がクロスセリングを徹底した動きをしていなかったり、キャンペーン企画が練り上げられていない（「相手の行動」）のを見て、「こんな基礎的なこともできないなんてどうかしている」と思います（「自分の認知」）。そこで、田麦に「キャンペーンの企画書のことなんですけど」と話しかけ、指示をしようとします（「自分の行動」）。それに対して田麦は、「上司（祥子）は頭でっかちで視野が狭いな。現場が全然わかっていない」と感じ（「相手の認知」）、「現場は納得してませんよ」と反論します（「相手の行動」）。そして、それを受けて、祥子は何らかの認知をし、行動をとります。

この図は、日々コミュニケーションを行ううえで発生している、インプットとアウトプットの流れをループ図として表したものです。

コミュニケーションは双方向のものであることから、よくキャッチボールにたとえられますが、そういう観点で言えば、このループ図が表現していることは、特段新しいことはないように感じます。

しかし、物語の中で大河内が祥子に解説したように、このループ図には深い意味が隠されています。

それは、**自分から見て、「相手の認知」と「自分の行動」のすべてを把握することができないという人間がもつ認知の限界がコミュニケーション上の問題をもたらし、人間関係を悪化させてしまう**ということです。

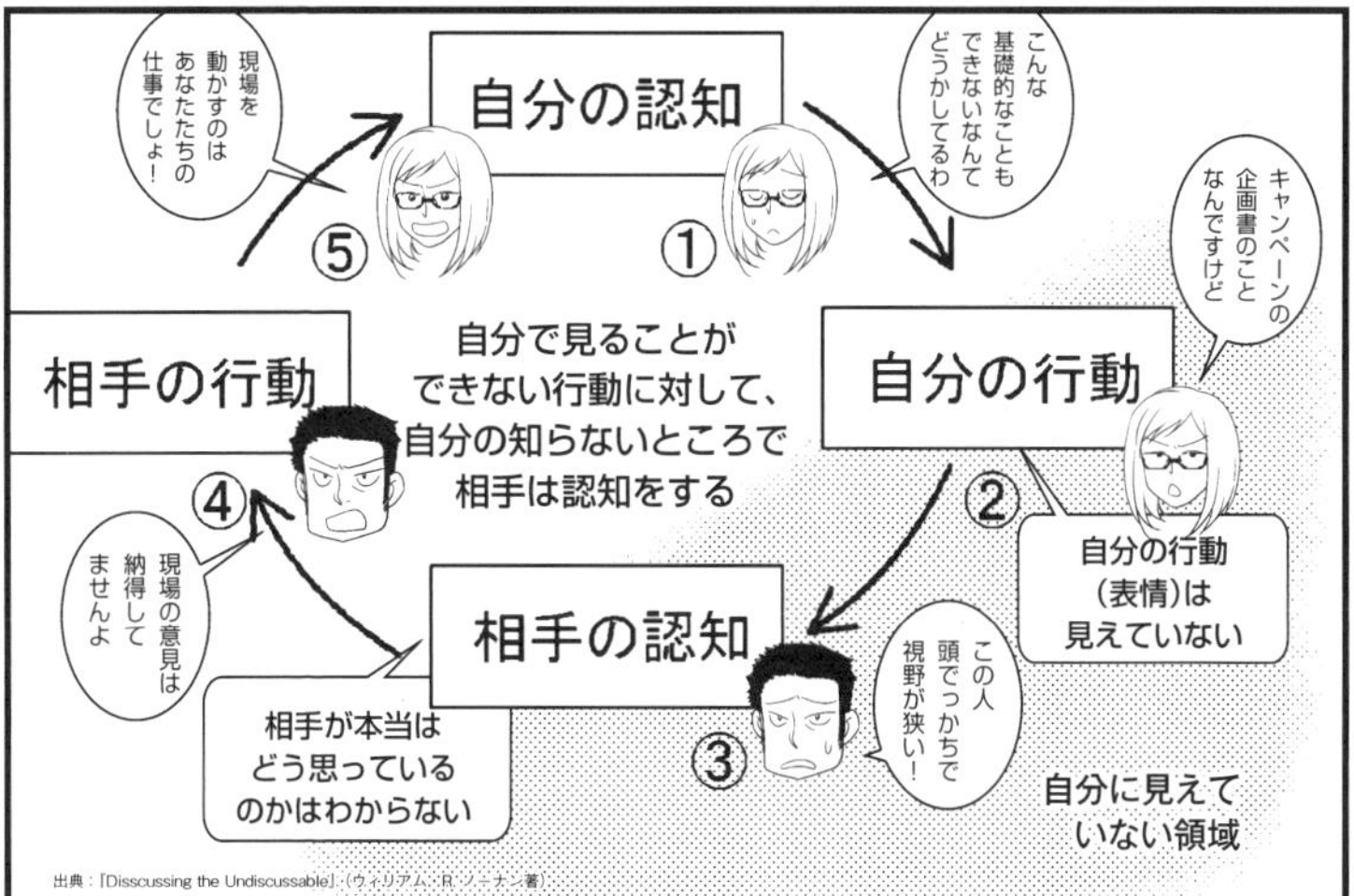
自分の認知
こんな基礎的なこともできないなんてどうかしてるわ
①
自分の行動
キャンペーンの企画書のことなんですけど
②
自分の行動（表情）は見えていない
相手の認知
この人頭でっかちで視野が狭い!
③
相手の行動
現場の意見は納得してませんよ
④
相手が本当はどう思っているのかはわからない
現場を動かすのはあなたたちの仕事でしょ!
⑤
自分で見ることができない行動に対して、自分の知らないところで相手は認知をする
自分に見えていない領域
出典：『Disscussing the Undiscussable』（ウィリアム・R・ノーナン著）

お互いに認識できない領域があるにも関わらず、そのことに注意が払われていないことが、人間関係上のトラブルの大きな要因となっている

⇩自分の行動に対する認知の限界

相手がどのように状況を捉え、考えているのか、すなわち「相手の認知」がどうなっているのかをすべて把握できないというのは、比較的理解しやすい領域です。それに対して、**「自分の行動」を自分で把握することができない**というのは、直感的には理解しづらいのではないでしょうか？

言葉では表現されていない非言語の領域がコミュニケーションに大きな影響を与えていることは一般的に知られています。具体的には、話す言葉の内容の言語情報がコミュニケーション上の情報量として7％しか占めていないのに対して、顔の表情や見た目などの視覚情報は55％で、口調や話のスピードなどの聴覚情報は38％を占めているといわれています。

そうした非言語の領域がコミュニケーションに与える影響が大きいことは、感覚的にわかっていたり、知識として知っていたりしても、自分の非言語の領域である**自分自身の顔の表情などを自らが把握できていない**ことは意外に知られていないのです。

私たちは、毎日鏡をのぞき込んで、幼少のころからずっと自分の顔を見ています。しかしながら、それは常に鏡に映ることを意識した顔、つまり準備した表情であって、普段の自分の表情ではありません。1万回鏡をのぞき込んだとして、ほぼ1万回とも準備した顔を見ているだけなのです。ぼーっとしていたり、苛立っていたり、鬱々とした表情のまま鏡の前に立つということはまずありません。鏡に映る直前まで、そういう心持ちだったとしても、鏡に映った瞬間に、表情がぱっと切り替わってしまうのです。

普段の自分の表情を知るには、自分が撮影されていることに気づいていないか、撮影していることをすっかり忘れてしまっていたために、偶然録画された動画を見るぐらいしか方法はありません。

有名俳優の中には、部屋のあちこちに鏡を置いている人も多いそうです。それは、家族やパートナーと過ごすプライベート空間においては、役を演じている時とは異なり、本気で怒ったり、本気で悲しんだりすることができるため、その瞬間に自分がどういう表情をしているのかを瞬時にチェックできるようにするためだそうです。

また、「目は口ほどにものを言う」という言葉がありますが、顔の表情の中でも目は、コミュニケーション上、特に大きな影響を与えています。

たとえば、「なんか胡散くさい」とよく言われる人がいるとしましょう。本人は「服装が胡散くさく見えるのかな」と思って普段着る服を変えてみたり、言葉遣いを変えてみたりします。しかし、実際のところ、相手はその人の目に胡散くささを感じているのかもしれません。表情と同様に、自分が一体どんな目をしているのか、自分で知ることはできないのです。

⇩コミュニケーションを悪化させる根本的な問題

「相手の認知」と「自分の行動」は、どんな人にとっても死角になり得るものです。つまり、**自分の側にも知覚できない領域があるように、相手の側にもそうした領域は常に存在しています。**それは認知構造上の欠陥と呼べるものであり、それがコミュニケーション上の混乱や人間関係の悪化をもたらしているのです。

自分の表情や行動は自分には見えていないのに、そのことに気がつくことすらないという限界は、とりわけ大きな影響をもたらします。生まれてこのかた、鏡の中に写った「用意した表情」しか見たことがないことで、いつの間にか**自分自身が抱いているセルフイメージ（つもりの自分）と、はたから見える印象（はた目の自分）はずっとかけ離れたままになってしまっている**のです。

そうした「ずれ」は周りとの関係において、「自分はナイスに振る舞えている」もしくは、「自分が想定している以外の影響を相手に与えることはない」という思い込みを加速させ、的外れな行動や態度を繰り広げさせてしまいます。そのうえ、さきほど述べたような犠牲者意識と自己正当化を生み、いつのまにか傲慢な気持ちや態度が膨れ上がってしまうのです。

そうした傲慢さが相手を刺激し、関係を悪化させる火種となるのは、説明するまでもないでしょう。

自分が当事者となっている問題を解決するうえでは、まず、自分も相手も自分自身の行動はどうなっているのか、それを相手はどう捉えているのかが本当に見えていないのだという認識に立つことが大切です。

U理論とは

02

⇩U理論とは何か

U理論とは、マサチューセッツ工科大学上級講師、C・オットー・シャーマー博士によって生み出された、**「過去の延長線上ではない変容やイノベーションを個人、ペア**（1対1の関係）、**チーム、組織、コミュニティ、社会のレベルで起こすための原理と実践の手法を明示した理論」**です。

約130名の学者、起業家、ビジネスパーソン、発明家、科学者、教育者、芸術家などからなる革新的なリーダーに対してインタビューが行われ、そこで得た知見が原型となって生み出されたのがU理論です。

その後シャーマー博士自らが、数々の社会変革や組織変革のプロジェクトにファシリテーターとして実践に携わりながら、原型をブラッシュアップし、理論としての体系化を図り続けています。一例として、南アフリカのアパルトヘイト問題やコロンビアの内戦後の復興、アルゼンチンやグアテマラの再建など、複雑な社会問題を解決する現場でも実践され、多大な貢献をしています。

⇩U理論の特徴

U理論の大きな特徴は、優れたリーダーの「やり方」だけではなく、ブラックボックスとなりがちな彼らの**「内面のあり方」**、すなわち、**卓越したパフォーマンスを発揮している過程において発生している彼らの「意識の変容」**にも着目している点にあります。

世の中には、ノウハウと呼ばれる優れたやり方に関する情報があふれています。しかし、ノウハウを真似たとしても、超一流の人たちが発揮している卓越したパフォーマンスを出せるものではないと思っている人も多いでしょう。アスリートの常人離れした集中力、優れたアーティストやクリエイターたちの創造性、聴衆を魅了する役者、歌手、プレゼンターの圧倒的な存在感、オーラなどといった**卓越した力の源泉は、ノウハウ・やり方ではなく「内面のあり方」にある**というのがU理論の考えです。そして、それこそ私たちが見落としている盲点であるとシャーマー博士は指摘します。

内面のあり方とやり方の違いを、野球を例に対比すると図1－1のようになります。

内面のあり方は外からは見ることができません。そのため、未知の領域として、言葉では表しがたいものになっていました。そんな内面からにじみ出たり、溢れ出ている〝何か〟は、どのような原理によって引き出されているのか、その謎を解明し、どうしたらその状態を意図的に起こすことができるかを示したことが、U理論の大きな功績のひとつです。

⇩ 過去からの学習と出現する未来からの学習

シャーマー博士は、内側から何かがにじみ出たり、溢れ出ている状態のことを「未来が出現しようとしている」瞬間と捉え、プレゼンシング（Presensing：Presence と Sensing の造語）と呼んでいます。そして、私たちは、その「出現しようとする未来」から学ぶことができるという新しい観点を提示しています。

図1-1 あり方とやり方の違い

あり方
- 極限にまで高まっている集中力
- 圧倒的な存在感
- 行動（例：バットを振る）を起こす前から出現する結果（例：ヒットを打つ）を「知っている」状態
- ゾーン、フロー
- 周囲（例：他の選手、観客、スタジアム等）と一体となっている感覚

やり方
- 身体を鍛える
- 技能を高める（例：バッティング練習をする）
- プロセスを洗練させる（例：フォームを固める）
- テクニック、ツールを活用する（例：道具を使う、変える）

私たちがこれまで慣れ親しんできたのは、計画（PLAN）を立て、行動（DO）をし、その結果を振り返って計画との差を分析（CHECK）し、その改善措置を実行（ACTION）し、計画にフィードバックをするというPDCAサイクルですが、シャーマー博士はこれを「過去からの学習」と位置付けています。

その**「過去からの学習」**とはまったく異なる学習方法がこの**「出現する未来からの学習」**になります（図表1－2参照）。

「過去からの学習」によって行動を移す時、過去の結果を振り返って計画を立てる――すなわち過去の結果とその分析が次の行動の根拠となっています。したがって、私たちは次の行動を起こす前から「なぜ、それを行うのか？」という理由や正当性を担保にして行動を起こすことになります。

しかし、ルービックキューブ型のような複雑な問題は、その全容が明らかになっていないことが多いため、何を行うべきかという答えを、事前に知ることはできません。また、その理由も、どれだけ筋道が通っているように見えたとしても、単なる仮説に過ぎません。

それが過去からの学習の限界であるとシャーマー博士は主張しています。

言い換えると**イノベーション**と称されるような、「ありそうでなかった」、「過去の延長線上にはなかった」ような解決策は、**事前に計画を立てて生み出すことはでき**

ないと言えるでしょう。もし、計画通りに生み出せる程度のものであれば、これまでも生み出せていたでしょうし、誰かが実現していた可能性は十分にあるはずです。

それに対して、「出現する未来からの学習」は、まず感情として現れ、どこかに引き寄せられるような漠然とした感覚、すなわち「なぜ」というより「何」という感覚を頼りにしていくことであるとシャーマー博士は述べています。

わかりやすい言葉でいえば、**「なんとなく」という感覚**がそれにあたるでしょう。直感を頼りに前進することにはリスクを伴いますが、だからこそ思いつきもしなかった、想像をはるかに超えた展開を迎えることができ、イノベーションが実現されていくのです。

こうした直感を頼りにした意思決定を行う人は、創業経営者に多くみられますが、彼らは口をそろえて「ひらめきや直感に対して、後付けで理屈をつける」と話しています。

単なる思い付きではなく、**「質の高い直感」に基づいた行動を生み出していく**やり方をシャーマー博士は、**「出現する未来からの学習」**と呼び、その実現への道筋をU理論によって照らし出しています。

こうした体験は、人生のターニングポイントにあたるようなものから、ちょっとし

図1-2 “過去”からの学習と”出現する未来”からの学習

“過去”からの学習

計画
(PLAN)
行動
(DO)
評価
(CHECK)
処置・改善
(ACTION)

・「過去に起こったこと」を振り返ることによって学ぶサイクル

・過去の振り返りに基づき計画が生まれるため、行動を起こす前から行動の根拠（なぜ、その行動をするのか?）が決まっている

“出現する未来”からの学習

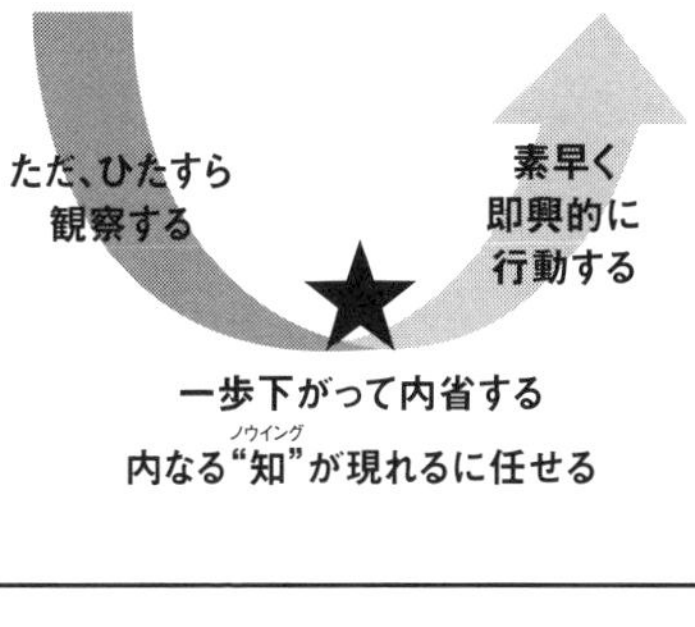
ただ、ひたすら
観察する
素早く
即興的に
行動する
一歩下がって内省する
内なる“知《ノウイング》”が現れるに任せる

・「今、この瞬間」に立ち現われようとしている未来を感じ取って、行動を創り出す

・出現する未来として感じ取っている「何」という微かな感覚を頼りに行動し、試行錯誤を繰り返しながら肉付けしていく

たきっかけを頼りにした思いがけない展開といったものもあります。日常生活の中でよくみられるケースとしては、立ち寄った本屋でたまたま手にした本から新たなヒントが得られたり、偶然知り合った人と話をしていると、まさに自分が求めていた次なる展開の鍵をその人がもっていたという類のものなどがあげられます。

この「出現する未来からの学習」という考え方と、その実現の道筋はシャーマー博士の功績の別の側面に光を当てています。

それは直感に代表されるアーティストやアスリートたちが大切にしていることが、イノベーションとも関係があると見出したことです。しかも、それは**個人にとどまらず、集団による取組みにも当てはまる**点に言及した点もU理論の独自性となっています。

“U”が指し示す3つのプロセス

03

U理論の3つのプロセス

アルファベットのUの字のカーブを描くモデル図として表現されているU理論は、Uカーブを降るパート（センシング）、Uの字の底に当たるパート（プレゼンシング）、Uカーブを昇っていくパート（クリエイティング）の3つのプロセスによって構成されています。

U理論が従来のイノベーション理論と一線を画しているのは、前項でも紹介したとおり、単なる「やり方」だけではなく、「あり方」に着目している点にあります。

内側の状態が豊かになればなるほど、周りはその姿に何かしらの存在感の大きさを感じ、時には「オーラが出ている」という表現をするくらい、その人の「あり方」の大きさを称賛します。

U理論は、そうした「あり方」の拡大は何によってもたらされるのか、その拡大を可能にするために、内側の状態をどんな風に豊かにしていけばよいのか、といった疑問に対する道標となります。

「あり方」の拡大を表す言葉として、これまでも「一皮むけた」、「目の色が変わった」、「腹が据わってきた」といったものは存在していました。

しかし、それらがどんな過程を経ることで可能になるのかは、ベールに包まれたままで、修羅場をくぐる体験をするという程度にしか語られていませんでした。つまり、修羅場をくぐる体験が、その人の「あり方」を拡大させるとして、U理論は、**その過程で何が生じるか**という謎に包まれてきた領域を体系化したといえます。

つまり、図1－3の3つのプロセス**（センシング、プレゼンシング、クリエイティング）**が、内面の状態の質の向上とパフォーマンス拡大の過程を表しています。

図1-3 Uの3つのプロセス

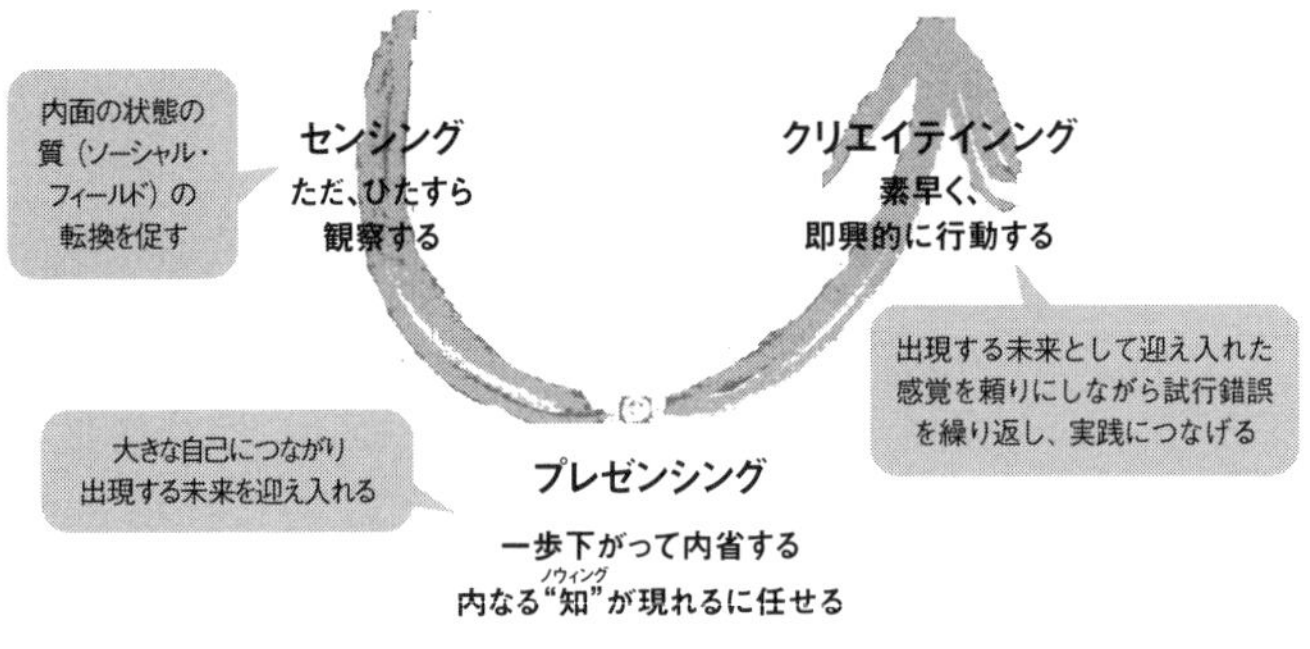
内面の状態の質（ソーシャル・フィールド）の転換を促す
センシング
ただ、ひたすら観察する
クリエイティング
素早く、即興的に行動する
出現する未来として迎え入れた感覚を頼りにしながら試行錯誤を繰り返し、実践につなげる
大きな自己につながり出現する未来を迎え入れる
プレゼンシング
一歩下がって内省する
内なる“知《ノウィング》”が現れるに任せる

センシング ただ、ひたすら観察する

最初のパートにあたるセンシングは、内面の状態の質を高めることに焦点が当たっています。シャーマー博士は、この内面の状態の質的な違いを4つの種類に区分し、「意識の領域構造（Field Structure of Attention）」、「ソーシャル・フィールド」という特殊な用語で表現しています。（※本書では「ソーシャル・フィールド」に統一、以下同様。）

私たちは知らず知らずのうちに、過去の経験によって習慣化された枠組みに従って物事を捉え、情報を処理し、同じような思考・行動パターンを繰り返しています。いわゆる**先入観**や**偏見**といったものはその最たるものですが、そうした**過去のパターンから脱却するために、「ただ、ひたすら観察する」**ということを推奨しています。

「分析」ではなく、「観察」となっている点が非常に重要です。

分析とは、様々な情報を思考によって抽象化（≒意味づけ）をしていく行為なのに対して、観察はできる限り先入観を排しながら、一切の結論をくださず、対象をつぶさに見つめる行為になります。

観察が深まっていくのにしたがって、ソーシャル・フィールドが転換し、状況に対

する感じ取り方に変化が生まれる、すなわち内面の状態の質が高まっていきます。

⇩ プレゼンシング

一歩下がって、内省し、内なる「知《ノウイング》」が現れるに任せる

最初のプロセスを経て、ソーシャル・フィールドが耕され、深まってきたところで静寂が生まれます。そして、その静寂の中から、**過去の延長線上にはない、新しい〝何か〟の出現を迎え入れる**というパートがプレゼンシングです。

プレゼンシングという言葉は、「今、この瞬間のあり方」を意味する〝Presence〟と「未来の可能性を感じ取る」を意味する〝Sensing〟の造語です。

このプレゼンシングという概念が、U理論の心臓部とも言えるものです。

〝Presence〟で表現しようとしている「今、この瞬間のあり方」について述べるにあたり、シャーマー博士は、私たちにはふたつの「自己」が存在していると指摘します。

ひとつは利己的でエゴイスティックな**「小さな自己」**。もうひとつは、生きとし生けるものを慈しみ、新しい何かを生み出そうとしたり、他の誰かや何かに貢献しようとしたりする**「大きな自己」**です。

プレゼンシングの状態にある時、「小さな自己」が自分という〝器〟から離れ、そ

れに代わって「大きな自己」が自分という〝器〟を満たした状態になることを示唆しています。

一方、「未来の可能性を感じ取る」を意味する〝Sensing〟で表現しようとしているものに対しては、様々な人たちが色んな言葉で表現しています。

たとえば、超一流のバスケットボール選手やサッカー選手は、ゾーンと呼ばれる状態になると、シュートを放つ前にシュートが入ることがわかるという表現をします。

商品開発をしている凄腕のクリエイターであれば、商品のコンセプトが生まれた瞬間に、「この商品は絶対にイケる！」という感覚を抱くと、何人もの人が口をそろえて言います。

また、創業経営者で成功した人の多くは、その事業案にたどり着いた時、未来のビジョンがありありと見えたとも言います。

さらに言うと、革新的な社会変革活動に携わる人であれば、その活動を始めた時、まるで神の啓示を受けたかのように、「これを他の誰でもない自分がやるんだ」という感覚を得たと語っていたりします。

こうした感覚に共通するのは、「未来が〇〇のようになることに確信や自信がある」というような少し不確かさが残るようなものではなく、「明日も太陽は東から昇ることを知っている」というくらいの確度をもったものだということです。

それが〝Sensing〟の意味に込められた「未来の可能性を感じ取る」感覚です。

プレゼンシングという造語で表現しようとしているものは、その**「小さな自己」から「大きな自己」にとって代わる瞬間に、静寂が訪れ、そこから湧き上がるように過去の延長線上にはない新しい〝何か〟が出現する**ということです。

これが従来のイノベーション理論が着目してこなかった、目には見えづらい領域の最たるものです。

この静寂から立ち現われてくる〝何か〟を頼りに、新しい意味や方向性を見出して前進し、形を生み出していくことを、シャーマー博士は「出現する未来から学ぶ」と表現しているのです。

⇩ クリエイティング 素早く、即興的に行動に移す

自分自身という〝器〟を通して、現れてきた新しい〝何か〟に形を与え、具現化、実体化してくのが、最後のプロセスになります。

プレゼンシングの状態から立ち現われてきた「出現する未来」は、頭を使って論理的に答えを導き出してきた時とは異なり、本人にとっても、「これはイケる！」という確かさはあるものの、かすかな感覚であることが多いものです。

そのため、具現化していくためには、様々な試行錯誤を伴います。

このクリエイティングのパートに入ってくると、内面の状態の質を高く保ちながら、試行錯誤を行っていくことになるので、従来のノウハウやテクニックといったものが活かされてきます。

その意味で、クリエイティングのプロセスは、かなり手法寄りになっていきますが、頭で考えるより、手の感覚を頼りにしたり、身体を使ったりした即興性を重視していることから、ビジネスシーンで一般的に使われる以外の手法も取り入れているというのが特徴的です。

微かな感覚として宿った種に、即興的に形を与え、素早く周囲からフィードバックを受けて、より具現化していくというプロセスを経ていきながら、実践へと移行していくのです。

ソーシャル・フィールドの4つのレベル

04

ソーシャル・フィールドが意味するもの

前項ではU理論は3つのプロセス（センシング、プレゼンシング、クリエイティング）で構成されていることについて触れましたが、ここではUのモデルの左側に位置しているあり方の変化と内面の状態の質を高めるプロセス、すなわちソーシャル・フィールドとその転換について解説していきます。

私たちは、起きている間（厳密には眠っている間も）、自覚している、していないに関わらず、必ず何らかの意識状態にいます。これは、何かしらのソーシャル・フィールドの状態を体験していることになります。

つまり、誰かと話をしている時、電車に乗っている時、運動をしている時、勉強をしている時、会議をしている時、資料をつくっている時、ＰＣやスマートフォンを操作している時など、**いつどんな時でも、何かしらのソーシャル・フィールドの状態の中にいる**のです。

勉強や仕事をしている最中、鬱々としたり、気分が乗らない時は、どうしても生産性が上がらないもの。そこで、気分を変えるために、思い切って外へ散歩に行ってみたり、スポーツジムに行くこともあるのではないかと思います。こういった行為はすべて、内面の状態を高めるために、私たちが自然にやっていることです。

そう考えると、たとえソーシャル・フィールドという言葉を知らなくても、私たちはふだんから内面の状態のマネジメントをある程度行っているとも言えます。

シャーマー博士は、このソーシャル・フィールドを4つのレベルに定義し、その違いを明確に区分しました。そのうえで、現在のレベルから次のレベルに移行するためのポイントを明確にしたことで、プレゼンシングへの移行を再現可能なものにしたのです。

これまで抽象論や精神論でしか語られてこなかった領域を再現可能なものにしたことは、シャーマー博士の大きな功績のひとつと言えるでしょう。

起きている間のあらゆる時間帯において、何かしらソーシャル・フィールドを体験していること、そしてソーシャル・フィールドは4つしかなく、レベルが高い状態と低い状態があるということは、**日常生活の中で、ソーシャル・フィールドの状態が高いレベルを占めていることが多いのか、低いレベルを占めていることが多いのか**

によって、私たちの生活の質が大きく変わることを意味しています。

もし、最近、鬱々とした気分を抱えがちになっていたり、誰かとの関係が継続的にうまくいっていなかったりするのだとしたら、まず間違いなくソーシャル・フィールドが低いままの状態が続いていると言えます。

そうした自分の状態をいち早く察知し、状況を改善していくために、このソーシャル・フィールドという考え方と、次のレベルへと移行するためのポイントは大きなヒントとなるでしょう。

⇩ソーシャル・フィールドの4つのレベル

ここでは、まずソーシャル・フィールドにどのようなレベルがあるのかに関する概要をご紹介します。それぞれのレベルの詳細な内容や次のレベルへの移行のポイントについては後の章で見ていくこととしましょう。

図1-4 ソーシャル・フィールドの4つのレベル

レベル1	ダウンローディング	経験によって構築された過去の枠組みを再生産する形で、既存の思考・行動のパターンが反応的に繰り返される状態。コミュニケーションにおいては、相手の話を決めつけたり、頭の中で反論を抱いたりしながら聞いたり、あたり障りのない言動が横行する	
レベル2	観る《シーイング》	過去の枠組みを覆す情報に注意が向けられている状態。コミュニケーションにおいては、相手の意見に対して、理解はできても、共感はない。自分と相手の意見の相違点に着目しながら、議論が繰り広げられる	
レベル3	感じ取る《センシング》	相手の気持ちや状況が自分のことのように感じ取れる（自分の靴を脱いで、相手の靴を履く）状態。相手の意見の背景にある想いにも耳を傾けつつ、自分の内側で起きている心の動きを察知し、さらけだす姿勢が生まれる。各々の意見が自然に、柔軟に変えられている	
レベル4	プレゼンシング	過去のパターンへの執着や、変化への恐れを手放し、場から出現する「何か」を迎え入れ、身を委ねる。自他との間に境界を感じず、深い確信に満ちたアイデアや意志が生まれる	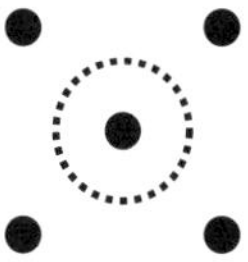

Part 2

［レベル1］
ダウンローディング

Story2
部下がそっぽを向く本当の理由
ここだけの話いい儲け話があるんだよ
まだほとんどの人が知らない金融商品なんだけどね……
え!? なんで、唐突にそんな話?
新手の振り込め詐欺かしら…
U理論も本当はデタラメなんじゃ…
どうやってこの場を切り上げよう…
今、私のことを詐欺師か何かだと思って
この場を早く切り上げようと思ってなかった?
ドキッ

あなたの内側で起きていた疑ったり先読みしたりしていた状態が、ソーシャル・フィールドのレベル1「ダウンローディング」なんだ

心配しなくても、今の儲け話はダウンローディングを体験してもらうための嘘だよ

ほっ

ソーシャル・フィールドの4つのレベル
レベル1 ダウンローディング
レベル2 観る
レベル3 感じ取る
プレゼンシング

でもそれと私の仕事に何の関係があるんです？

うん 順を追って説明するね

上司に提案をしている最中にあらかさまに自分の意見が軽んじられていると思ったことはない？

はい あります

上司の狭い枠組みで判断されているように感じて二度と提案するものかと思ったこともあります

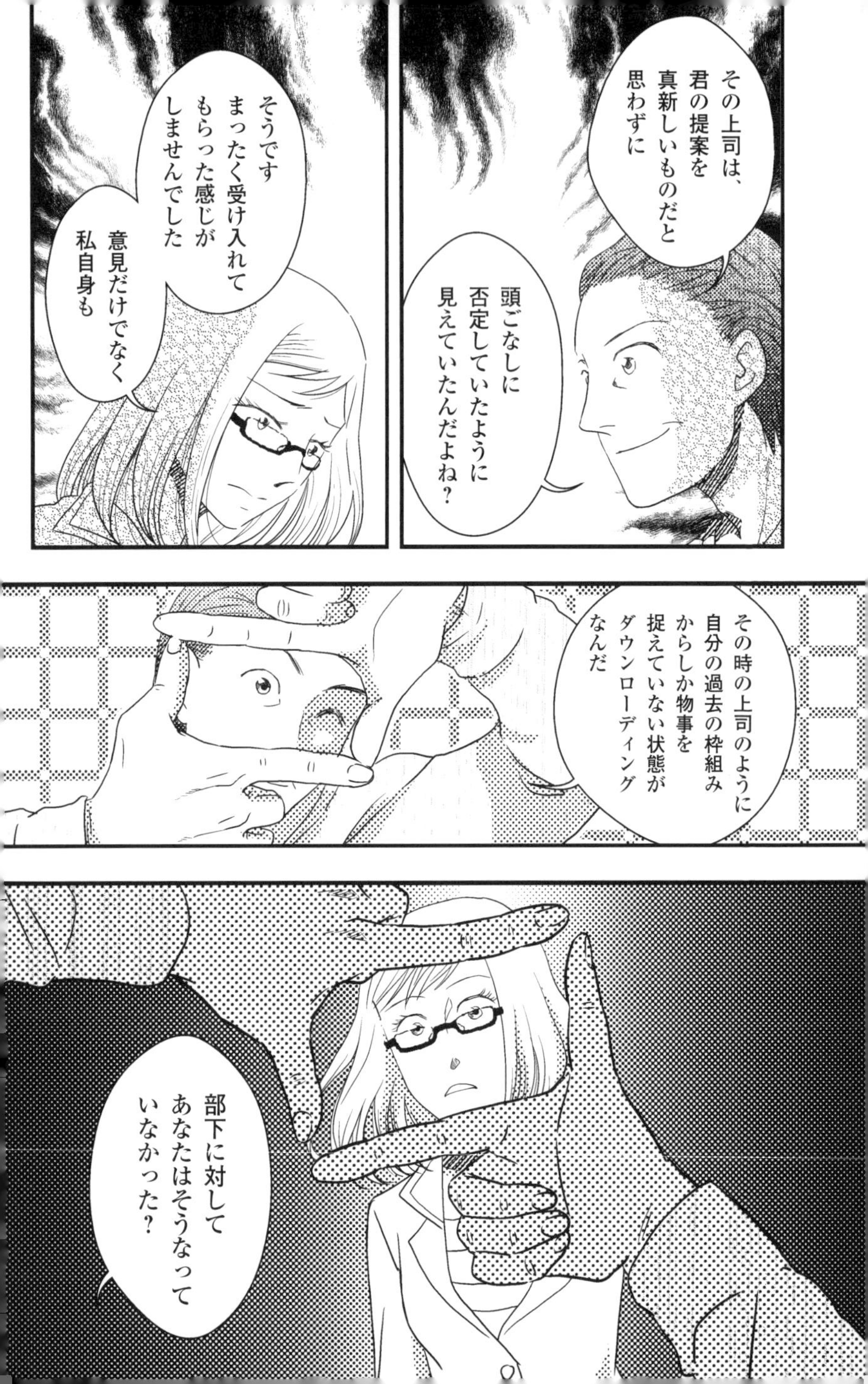
その上司は、君の提案を真新しいものだと思わずに
頭ごなしに否定していたように見えていたんだよね？
そうです まったく受け入れてもらった感じがしませんでした
意見だけでなく私自身も
その時の上司のように自分の過去の枠組みからしか物事を捉えていない状態がダウンローディングなんだ
部下に対してあなたはそうなっていなかった？

今日の外回りはどこですか？
どうせ今日も大して成果は出せないんでしょうけど
ちゃんと報告してもらえませんか？
どうせまた報告し忘れるんでしょ
キャンペーンの企画書のことなんですけど
また深く考えずに的外れな企画をつくって
あ…！
私…ダウンローディングになって昔の上司と同じことをしていたんだ
だから皆がそっぽを向いていたんだわ！

どうやったらこの状態から抜け出せるんでしょうか…？
うん、まずは保留することだね
保留…
ですか…？
自分の中で出てくるいろんな「思考のおしゃべり」に気づいて眺めてみるんだ
そのうえで自分の先入観や物事の捉え方の傾りに気づいては
横に置きながらじっと観察するんだよ
そうすればハッと気づけることが増えてくるよやってごらん

それで今の私の状況を変えられるんでしょうか？
僕を信じて一度やってみてよ
そしてどうなったかまた聞かせてほしいな！
……
…わかりましたやってみます！

翌日
カタカタ
ちょっといいですか？
いいわよ
えっと
えっと…
粕谷さんの話ってまとまりがなくて長いのよね…
あーあ…

えっ!?
あれは…私…？
こんな顔をしていたの…？
あの…
久米さん？

なんでもないわ　それで？
保留！
保留！
はい　えっと…
新商品と従来品のセグメント別の売上データのまとめなんですが…
セグメントの設定を男女別にするか年代別にするかで迷ってしまって…
ピクッ
保留！
もっと端的に話して！
そもそも味噌の好みは東日本と西日本で違っているし…
味噌はお客様の出身地や家族と関係が深くて…
保留！
で、結局はなにが言いたいの？
ピクピク

味噌を前面に出して売り出すのとバターを前面に出して売り出すのとでは
お客様へのインパクトが違うと思うんですよ
パッ
パッ
ん？
それはつまり…
これまでの考え方は味噌を前面に出しすぎていたから
バターを前面に出してみてはどうかということ？
そうなんです！
だから従来品の味噌とのクロスセリングが思ったように効果が出せてなかったと思うんですよ！
たとえば？
えっと…こんなのはどうでしょう

わかったわ
その方向で
マーケティングプランを
つくり直して
わかりました！
保留を少し
意識しただけで
こんなに議論が
進むなんて…
私は彼の話を
本当に聞いて
いなかったのかも
…とは
言っても…
営業の人たちは
お店からは人間扱い
されていないし
新しい棚の確保なんて
至難の業だろうなあ…

それから祥子は
ダウンローディングに
気づくように心がけ
保留しながら
部下たちと
接するようになった
すると
ミーティングで
活発な意見が
生まれるように
なっていった
しかし…
ちょっとそれは
どうですかね
どういう
ことですか？

味噌バターは
味噌と一緒に
買っていただけるよう
方策を考えるべきです
現場の営業の手で
バターの棚に
新商品を押し込むのは
至難の業
猛反発を食らうに
決まってますよ
それはそうですが
商品の特性を捉えて
顧客のニーズに
訴求しなければ
売れるものも
売れなくなって
しまいます
新商品ですし
現場にも
チャレンジして
もらわなければ
現場を知らない人が
言いそうな
机上の空論ですね
ロジックがなければ
戦略とは言えません
それは単なる
前例主義です
ロジックで
成果が上がるんなら
苦労しませんよ

ムッ
なんですか？
そもそもこれまでのあなたたちのやり方では成果が出なかったから私が呼ばれたんです
ガバッ
ガタッ
なんだって？
ごぬぬ…
ま…まあまあ
落ち着いてください

ダウンローディングとは

01

日常におけるダウンローディングの典型例

ソーシャル・フィールドの最初のレベルに位置するものは、ダウンローディングと名付けられています。

・「なんとなく気が乗らない」、「話がつまらない」、「時間のムダだ」という気分に乗っ取られる
・一生懸命に持論を述べているのに、周りの反応は今ひとつで落ち着かない
・饒舌にしゃべっている人がいて一部の人は盛り上がっているものの、全体的にはどんどん盛り下がっていく

このような状態を経験したことはありませんか？
それらは、このダウンローディングのレベルにとどまっていることより起こる状態です。

ソーシャル・フィールドという考え方の面白いところは、意見、主張、行動がいかに練り上げられていようとも、**その瞬間、瞬間のその人の内面の状況が豊かでなけ**

れば、場の中から新たな意欲や創造性といったものが生まれ出ることは一切ない、ということにあります。

たとえば、週1回、月1回という形で進捗報告を目的とした定期的な会議が開催される会社は多いでしょう。分業が進めば進むほど、情報が分断され、効率が下がることもあり、情報交換の必要性は高まってきます。

会議では、準備された資料に基づいて、それぞれの担当者から進捗の報告がなされます。しかし、実際には、進捗を報告する担当者以外の人は、上の空で聞いていて、今にも眠りに落ちそうな目をしていたり、パソコンやスマートフォンをいじったりして、その場に集中していないケースが多くみられます。

そうした状況を回避するために、事前にミーティング資料をメールで共有したり、会議中のパソコンやスマートフォンの利用を禁止したりするなどのルールを設けるケースもあるでしょう。それでも、ほとんどは有効ではなく、「さっさとこの場を終わらせてしまおう」とする雰囲気が漂っていく――これはダウンローディングの典型的な例です。進捗報告という明確な目的があり、そのための会議の進め方もおおむね間違ってはいません。それにも関わらず、ほとんど効果が生まれないのは、根本的な理由と対処法が知られていなかったことにあります。

何をやってもそうした状況が変わらないことに対して、ほとんどの人は自社の風土や文化のせいにしたり、人材の質の低さが原因であると結論付けています。そして、そのように問題を定義したものの、有効な手段が見つからず、途方に暮れ、何をやっても変わらない自分の会社に、愛想をつかして終わるだけになることが多いのではないでしょうか。

しかし、そうした状況を、風土や文化の問題としてではなく、**ソーシャル・フィールドがダウンローディングにとどまっている**と考えることで、新しい展開を可能にし得るのがU理論のもたらす利点のひとつです。

⇩ダウンローディングとは何か

状況を転換するにはまず、ダウンローディングとは何かを自分の体験と照らし合わせて理解していくことが大切です。

ダウンローディングとは、「過去の経験によって培われた枠組みを再現している状態」を指します。

シャーマー博士は、このイメージを図2-1のように表現しています。

外側の円が「過去の経験によって培われた枠組み」であり、円の中心にある点が意識の焦点が向けられている矛先（以下、意識の矛先）になります。この絵で表現しようとしていることは、**「過去の経験によって培われた枠組み」**（以下、過去の枠組み）

の内側で今の自分の思考や意見などが再現され、その思考や意見に意識の焦点が当たっている。すなわち、意識を奪われている状態を指しています。

わかりやすく言えば「自分の頭の中で繰り広げられている世界を見ている」ということになります。

たとえば、相手の話が合っているのか、間違っているのかを確かめながら聞いている時は、「自分の頭の中で繰り広げられている世界を見ている」状態と言えます。自分の過去の枠組みに照らし合わせて話を聞いている時点で、自分の頭の中に意識の矛先が向いています。さらに「その話は間違っている」と判断した場合、反論を頭の中で整理しようとするのも、頭の中に意識の矛先が向いていることになります。

図2-1 ダウンローディングの状態図

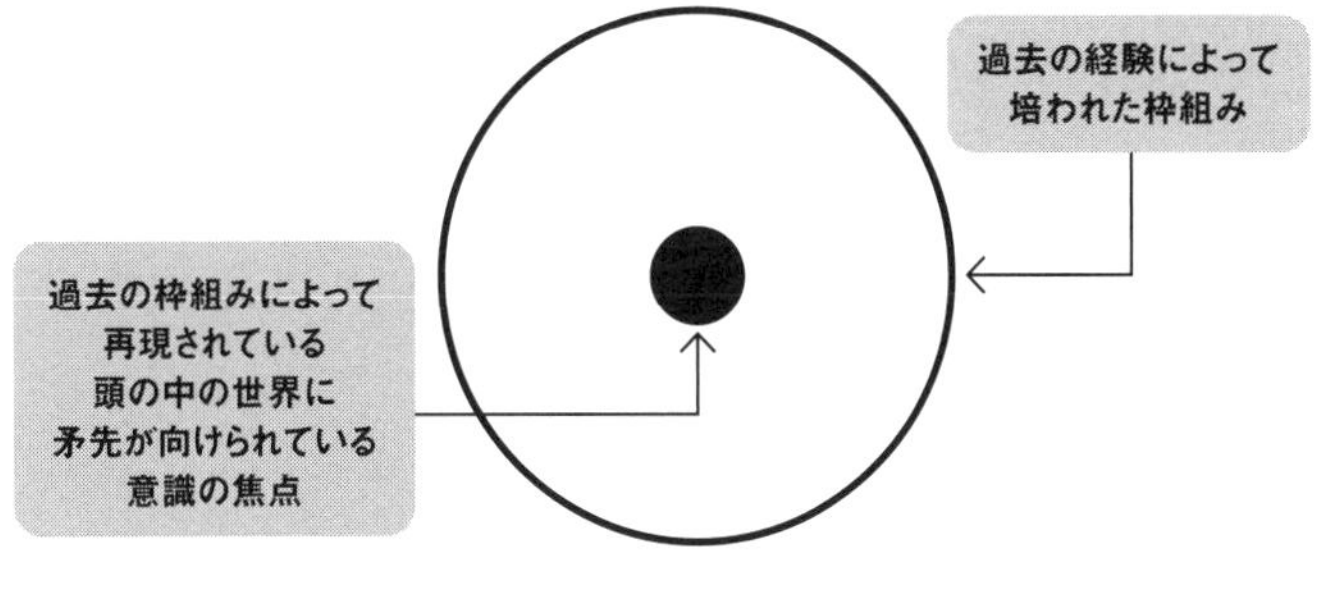
過去の経験によって
培われた枠組み
過去の枠組みによって
再現されている
頭の中の世界に
矛先が向けられている
意識の焦点

先ほどの例——進捗報告会における出席者の状況——も、過去の枠組みを再現している、自分の頭の中を見ているという意味では同じです。

たとえば、会議に参加し始めたばかりの頃は、緊張感もあり、みんなの話についていこうと必死になりますが、慣れてくると、次第に話半分に聞いている状態になっていきます。「話半分」というのは文字通り、半分は話を聞いているが、残り半分は自分の興味に向いている、すなわち、自分の頭の中を見ていることになります。

もしくは、まるで慣習化した儀礼のように進捗報告を行い、他の人は黙っている、そしてそれに対して社長や部門長が声を荒げるというシーンが「お決まり」のものになっているのであれば、会議自体が過去の枠組みを再現しているだけということになります。

こうした過去の経験に基づく枠組みは、思考や行動をパターン化させます。そして、新しい考えや行動が生まれなくなってしまうのです。

⇩組織におけるダウンローディングの問題点

こうしたダウンローディングは、過去の枠組みが再現されることにより、自分の中に新しい活力や意欲、創造性といったものが生まれないだけでなく、周囲にも影響を与えてしまうのが厄介なところです。

図2-2 ダウンローディングの例

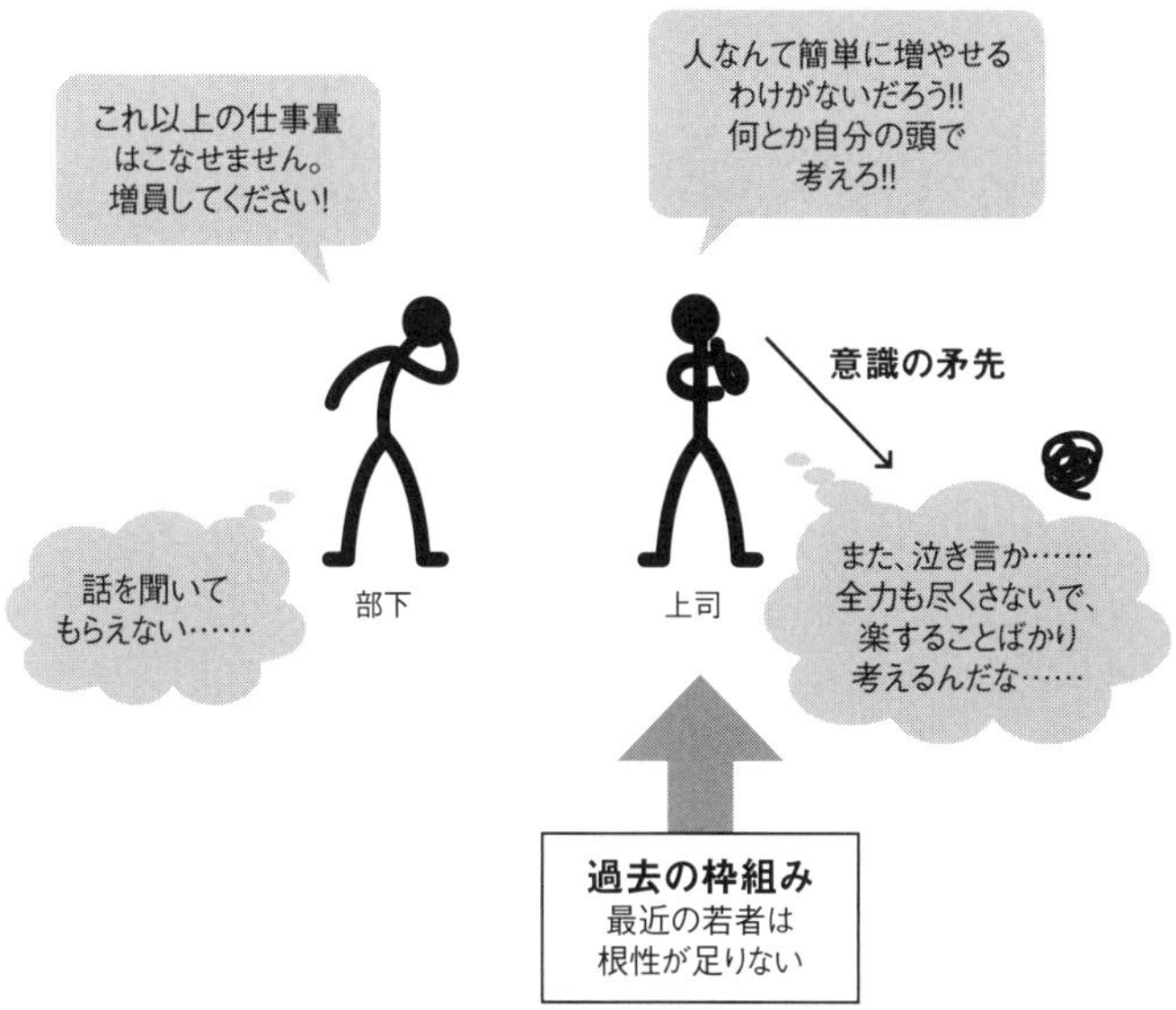
これ以上の仕事量
はこなせません。
増員してください!
人なんて簡単に増やせる
わけがないだろう!!
何とか自分の頭で
考えろ!!
意識の矛先
話を聞いて
もらえない……
部下
上司
また、泣き言か……
全力も尽くさないで、
楽することばかり
考えるんだな……
過去の枠組み
最近の若者は
根性が足りない

**一方がダウンローディングになると、
相手方もダウンローディングになりやすくなり、
お互いにコミュニケーションの質を下げあってしまう**

ある人がダウンローディングな状態になっていると、不思議なくらいに他の人もダウンローディングになりやすくなります。

たとえば、話半分に話を聞かれていたり、反論を抱きながら話を聞かれていたりする、すなわち相手にダウンローディングに話を聞かれていることを察知すると、話し手は「あれ？　自分の話はつまらないのかな？」「自分の話はまとまりがないし、滑舌が悪いから伝わらないのかな？」と話し手は自分の頭の中に注意が向くようになります。

また、ダウンローディングにしゃべっている人がいると、こちらに意識を向けて話をしてくれていなかったり、自分に配慮をしてくれていないという、置いてけぼりにされている感覚が高まってきます。すると、話の聞き手は「この人の話は要領を得ないうえに、一方的で長いなあ。早く終わらないかなあ」と時計をチラチラ見たり、場合によっては貧乏ゆすりをすることもあるでしょう。

このように、ダウンローディングは伝染していきます。

これが何度も続けば、「この人は、話半分にしか話を聞いてくれない人だ」、「この人の話は長くてまとまりがない」といった決めつけが生じます。そうした決めつけが話し手と聞き手の双方に生まれることで、ダウンローディングを習慣化させ、コミュニケーションの質を低下させ続けていくのです。

ダウンローディングに聞いている時、話をしている時のありがちなパターンを図2－3にまとめました。普段のコミュニケーションの中で意識してみてください。

図2-3 ダウンローディングのありがちなパターン

聞く

・「ああ、それはそうだよね」「それは的を外しているな」と瞬時に判別しながら聞く
・「ああ、それはわかってる」と既に知っていることとして処理しながら聞く
・「この話のオチは?」「結論は一体何?」「ああ、これは結局こうなるね」と先を予測しながら聞く
・話を聞いている最中から、次に自分が何を言うかに意識が奪われている

話す

・過去の枠組み／経験に基づいて説明、主張、描写するような表現をする
・状況の当事者という立場のないまま評論家のように語る
・誰かを非難したり、見下した態度をとる
・自己正当化、言い募り、自己弁護、言い訳のような防御的、犠牲者的な態度をとる
・当たり障りのない態度や不利益を逃れるような控えた表現をする

ダウンローディングからの脱出のカギ 02

ダウンローディングを抜け出すには？

ダウンローディングは「過去の経験によって培われた枠組みを再現している状態」であることをお伝えしましたが、そうしたダウンローディングの状態から抜け出すにはどうしたらよいのでしょうか？

その脱出のカギが**「保留」**です。

軽く目を閉じ、呼吸に意識を向けていると自分の中で次から次へと色んな雑念がよぎることに気づきます。そのくらい私たちの頭の中は騒がしいのですが、日常生活を送っていると、そうした雑念にとらわれていることに気づけないままになりやすくなります。

保留は「suspend」という単語の訳ですが、「保留する」以外に**「吊るす」**という意味があります。ズボンのベルトの代わりに利用するサスペンダーが、この「suspend」の名詞形ということを鑑みると「吊るす」という意味合いが伝わりやすくなるのではないかと思います。

U理論の中では何を吊るすことになるのかといえば、自分の頭の中を駆けめぐる思考そのものです。**何も結論（決めつけ）や判断をくださず、思考を吊るして眺める**ことが保留の本来の意味ということになります。

⇩保留のコツ

保留は、主にふたつのことに取り組むことを意味しています。

ひとつは自分の中で起きている「思考のおしゃべり」を自分の中で宙づりにしたまま、他人が見ているように眺めることであり、もうひとつは何かしらの結論（決めつけ）や判断をくださないことになります。

保留自体は、特段手の込んだことをするわけでもなく、ただ、この「思考のおしゃべり」を眺めては、何かしらの結論（決めつけ）や判断をくださないように注意をしておくだけです。

しかし、**いったん思考に没入してしまうと、保留ができていない自分に気づけなくなってしまう**のが難しいところです。

保留という行為は、意識的に行わないとできません。つまり、自分が今、「保留している」という自覚がなければ、当然、保留はできていないものと捉えていいでしょう。

そこで、保留の練習のため、ここからは、本書を読みながら、自分の中で出てくる「思考のおしゃべり」を眺め、何かしらの結論や判断をくださないように意識してみてはいかがでしょうか。

保留はかなり面倒な作業です。

「なんで、こんな面倒なことをやらないといけないんだ!?」という疑問が生じてもおかしくはありません。

実は、保留そのものは何かを可能にしてくれるわけではないので、そのメリットはないように思えてしまうかもしれません。

しかし、保留は、ダウンローディングの次のレベルにあたる、**「観る《シーイング》」**への入り口となります。

レベル２「観る《シーイング》」については、次の章で詳しく紹介しますが、保留を心がけることで、ダウンローディングを抜けて、「観る《シーイング》」に入りやすくなるということを、ここでは押さえておいてください。

図2-4 保留の取り組み方

①「思考のおしゃべり」を眺める

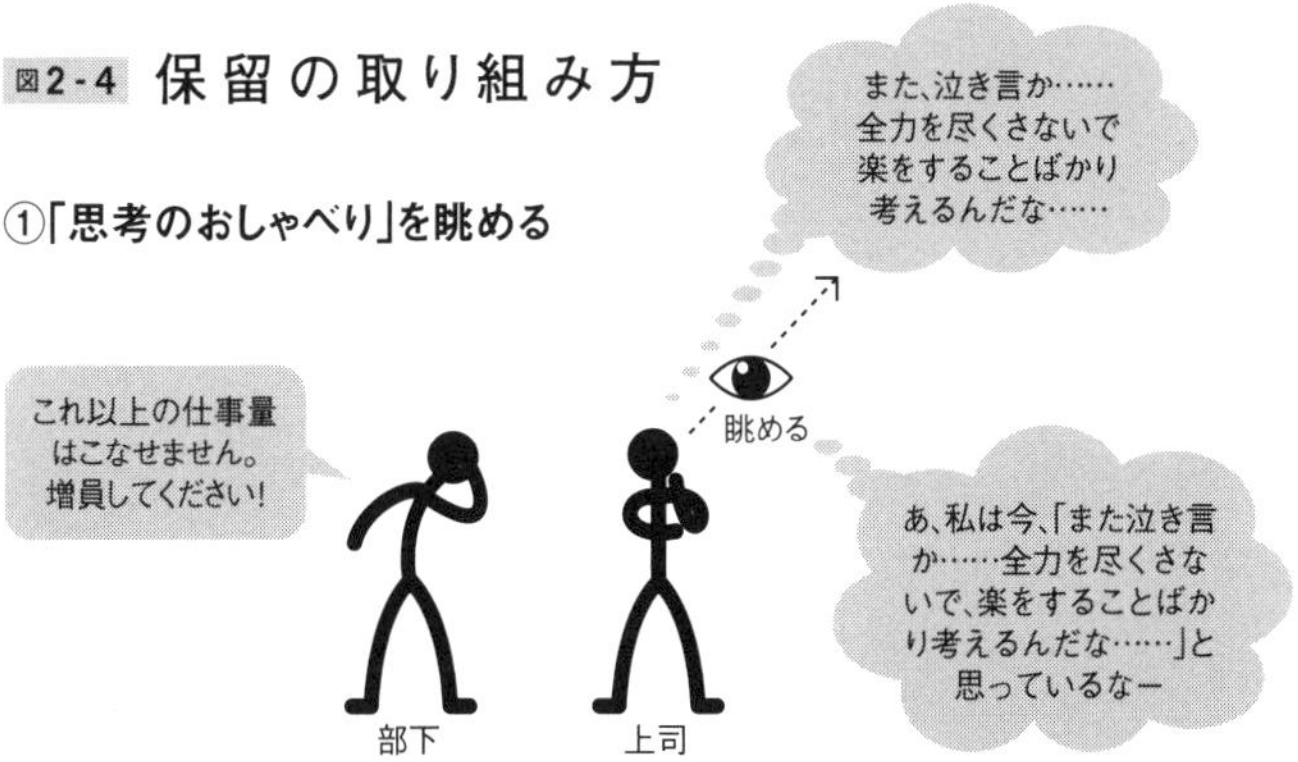
また、泣き言か……
全力を尽くさないで
楽をすることばかり
考えるんだな……
これ以上の仕事量
はこなせません。
増員してください！
眺める
あ、私は今、「また泣き言
か……全力を尽くさな
いで、楽をすることばか
り考えるんだな……」と
思っているなー
部下
上司

自分の中で次々と湧き起こる「思考のおしゃべり」を他人が見ているかのように眺める

②何かしらの結論や判断をくださない

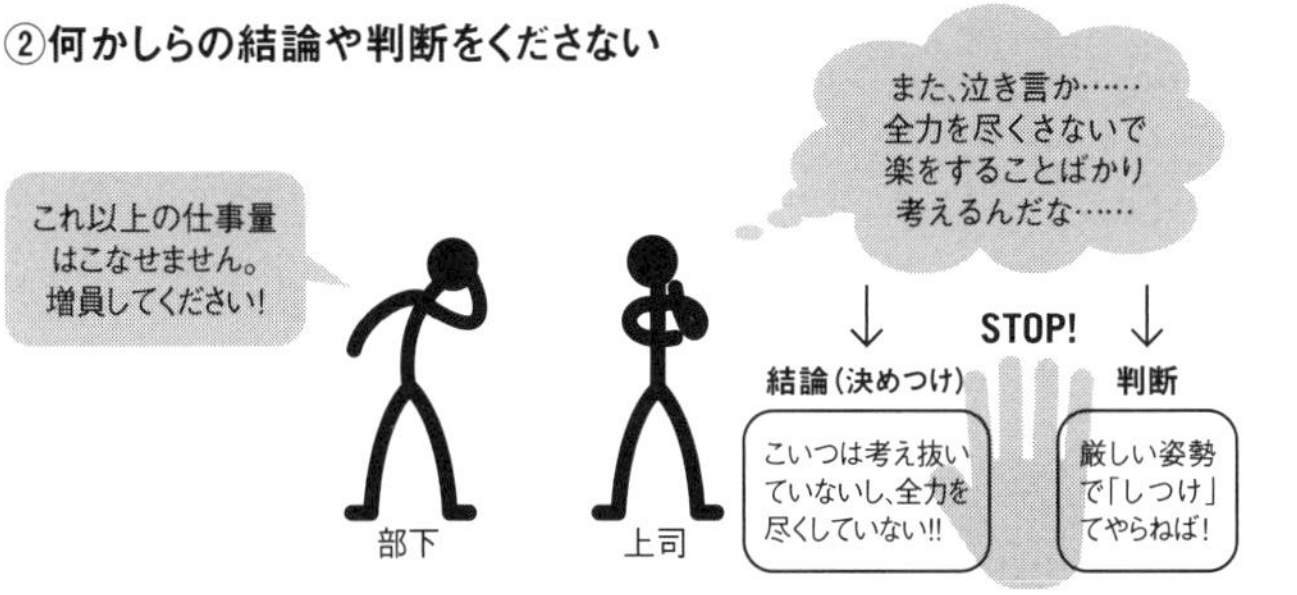
また、泣き言か……
全力を尽くさないで
楽をすることばかり
考えるんだな……
これ以上の仕事量
はこなせません。
増員してください！
STOP!
結論（決めつけ）
判断
こいつは考え抜い
ていないし、全力を
尽くしていない!!
厳しい姿勢
で「しつけ」
てやらねば！
部下
上司

「思考のおしゃべり」の結果、自分の中で裁判の判決のようにくだそうとしている
「結論（決めつけ）」や自分の今後とる態度や行動を決めることになる
「判断」をしようとしている自分に気づき、ストップをかける

Part 3

[レベル2]
観《シーイング》る

ダウンローディングに気づくようにして保留を意識したら
議論が活発になりました

Story 3
どれだけ話しても
わかりあえない
のはなぜ?
株式会社 雪倉
代表取締役社長
大河内 誠
OKOUCHI MAKOTO
そういえば 大河内さん
和菓子屋さん やっているのよね
株式会社雪倉
和の里 遊里庵
当店の歴史
MAP
おしながき
あ すてき
フェイス ノートも やってるのね
あら
山の写真が いっぱい

本当に山が好きなのね
そうだ…
カタカタ
カタ
ポン
こんにちは、久米です。
先日はありがとうございました。
お店のHPを拝見しました。
とてもすてきで、紹介されている
和菓子もとても美味しそうでした。
近く　したらぜひ寄らせて
い　思っています。
お　お送りしましたので
よ　認していただければ
幸い
祥子さん、こんにちは！
大河内です。
メッセージありがとう！
HPを見てくれて嬉しいです。
あれから仕事はどうですか
そうそう、今度の休日、
この間の山に行く予定
なのですが、良かったら
一緒に行きませんか？
ポーン
カタ
登山のお誘い
ありがとうございます。
喜んでご一緒させて
いただきます。

次の休日
ありがとうございます
お仕事の調子はどうかな？
ダウンローディングに気づくようにして保留を意識したら
議論が活発になりました
その状態ソーシャルフィールドのレベル２「観る《シーイング》」だね
ソーシャル・フィールドの4つのレベル
レベル2 観る

観る《シーイング》？
ダウンローディングの時は思考が閉じられているのに対して観る《シーイング》では目の前のことにくぎ付けになって開かれた思考にアクセスできる状態になるんだ
ルービックキューブを初めてやり始めた人がブロックの状態をよく観察するように
じーっ
枠組み
現実
保留をして自分の過去の枠組みと現実の差を見つけようとしないと
ダウンローディングに陥り思い込みでルービックキューブを回して
ぐちゃぐちゃになっちゃったーっ
ぐちゃぐちゃ
さらに問題をこじらせることになるから気をつける必要があるんだ

特に人間同士のコミニュケーションは
観る《シーイング》の状態で話を聞いていないと
意見を押し付けられている！
ちゃんと話を聞いてもらえない！
わずかなサインを見逃して相手の真意や心境の変化に気づかず…
そもそもコミニュケーションをとる気を失くさせてしまう
えっ
えっ
はい わかります

でも…どうしてもうまくいかない人がいて…
ほう
お互いの主張が平行線を辿ってしまった結果…
感情的な対立や人格非難にまでなってしまっているんです
そうだね～いくら保留がうまくいっているといっても
観る《シーイング》には限界があるからねー
そうなんですか？

たとえば…話せば話すほどわかりあえなくなったことはある？
……ありますあります
前の会社の上司なんですが何度も意見がぶつかりました
それから…昔お付き合いしていた人と
結婚に対する考えが違ってお別れしたこともあります…

そのとき
どんなことを
感じてた？
……
…とにかく
気持ちが通じない
この先もずっと
わかりあえる気がしない
感覚だけが募っていました…

01 観《シーイング》るとは

⇩観《シーイング》るとは

ダウンローディングの状態から保留を続けていくと、ソーシャル・フィールドのレベル２に位置付けられる**「観《シーイング》る」**にたどり着きます。

ダウンローディングの状態が、自分の頭の中に意識の矛先が向いているのに対して、観《シーイング》るの状態は、**目の前の事象、情報、状況**に意識の矛先が向けられています。

これをシャーマー博士は図３−１のように示しています。この図は頭の中の想念の世界を抜け出して、目の前の現実に集中している状態を示しています。

レベル１からレベル２の移行は日常生活の中で頻繁に生じています。映画鑑賞やスポーツ観戦をしていて釘付けになっている時、おしゃべりや議論に夢中になっている時、次から次へと襲ってくる敵を倒していくシューティングゲームに取り組んでいる時など、気がついたらあっという間に時間が過ぎていたという場面のほとんどは、この観《シーイング》るという状態にあると言えます。

ダウンローディングから観る《シーイング》への移行

そう聞くと、何のことはなく、単に物事に集中すればいいだけのように思いますが、実はそこにひとつの落とし穴があります。ダウンローディングの状態に陥っている時、目の前のことに集中しようと気合いを入れたところで、ほとんどのケースは有効ではありません。

たとえば、重要な商談の機会なのに、相手の話があまりにもつまらなくて、集中できず、眠気が襲ってきたとします。そういう時、「相手の話に集中しないと」と自分に鞭を入れるように気合いを入れたとしても、集中できないまま時間が過ぎていくということは珍しくないことでしょう。

こういう状況では「この人の話は長いな

図3-1　観る《シーイング》の状態図

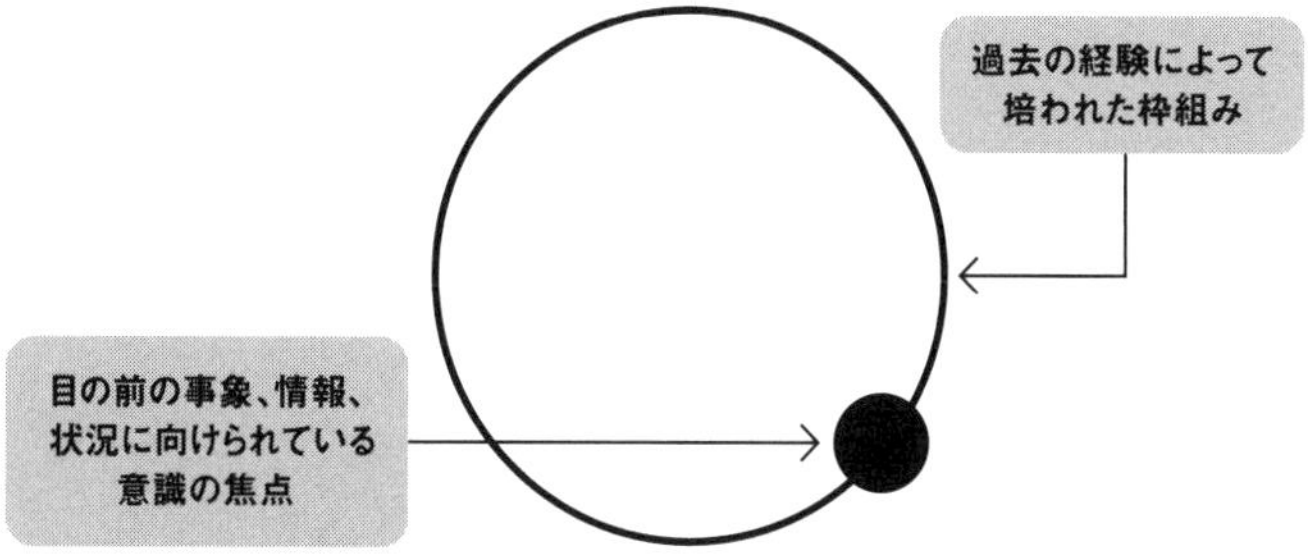
過去の経験によって
培われた枠組み
目の前の事象、情報、
状況に向けられている
意識の焦点

あ」、「話の要領を得ないなあ」、「えらく的外れな話だ」、「こういうものの言い方は好きじゃないな」といった考えが頭をめぐりやすくなります。そして、そんな思いがめぐればめぐるほど、今の状況から逃れたいという心理的な抵抗が、眠気や集中力を削いだ無気力な状態となって現れるのです。

一方、もし、商談の最中にその相手から突然、「ところで、ここだけの話なんですがね……」と切り出されたり、地震の揺れを感じたりしたとしましょう。すると、「思考のおしゃべり」のとらわれから解放されて、観る《シーイング》に移行し、目の前の事象に集中している状態に転じることがあります。

ここで重要なのは、**観る《シーイング》への移行は自分の意志によって生じるものではなく、あくまで外部刺激によって起きる**ということです。

目の前の状況にくぎ付けになるのは、自ら行う能動的な行為によるものだと考えられているかもしれません。しかし、それは誤解です。

実際は、目の前の状況にくぎ付けになる、すなわちダウンローディングから観る《シーイング》に移行することは、極めて受動的であり、「蹴る」、「走る」といった「動作」ではなく、「我を失う」、「気絶する」と同じような「状態」なのです。

いわゆる「寝耳に水」、「晴天の霹靂」といった言葉は、強烈にレベル2への移行が生じていることを表していると言えます。

⇩観る《シーイング》を生じさせやすくするには？

受動的にしか生じない、この観る《シーイング》への移行を容易にする方法はないのでしょうか？

それが98ページで紹介した**「保留」**になります。

観る《シーイング》への移行が受動的である以上、ダウンローディングから抜け出せるかどうかは、時の運ということになります。

しかし、**保留という「思考のおしゃべり」を吊るしながら眺め、何の結論（決めつけ）や判断もくださないという状態にとどまっていると、自分の過去の枠組みを覆す状態をキャッチしやすくなります。**それによって観る《シーイング》への移行の頻度が高まるのです。

「男子三日会わざれば刮目して見よ」という慣用句がありますが、これは、保留をすることによって、先入観をもったままでは見落としてしまうことを、ちゃんと見つけることができるようになるということを指していると言えるでしょう。

Uの3つのプロセスのうち、Uカーブを降るパートであるセンシングは、「ただ、ひたすら観察する」ということから始まることをお伝えしました。

ダウンローディングの状態を抜け出すために、**「思考のおしゃべり」を吊るしなが**

ら眺めるという観察と、**目の前で生じている事象の観察**をひたすら行います。

次に、観《シーイング》るに移行すると、目の前の事象にくぎ付けになりながら、より詳細に観察していくことになります。観察の度合いを高めるうえで、現地視察を行ったり、数値データを活用したりすることはとても有効です。

しかし、移行に成功したとしても、その後何かを決めつけてしまうと、すぐにダウンローディングに逆戻りしてしまいます。**目の前の事象にくぎ付けになった後でもなお、保留を心がける**ことで、観《シーイング》るの状態を維持しやすくなります。

もし、時間的な制約や何かの条件によって何かの判断をくださざるを得ない状況に陥った時は、「自分は暫定的にこの判断をくだした」ということを自覚することが大切です。なぜなら、ルービックキューブ型のような複雑な問題は、認知の限界を超えて生じるものである分、どんな判断も問題を本当に解決し得るのか、他の副作用が生じることはないのかを知ることができないからです。

つまり、自分がくだした判断が本当にベストであるのかどうかはその時点ではわかりません。そのためにも、どんな判断をくだそうとも、引き続き保留を続けられるように、自分の判断は暫定的なものだという、自覚的な姿勢が必要になるのです。

図3-2 ダウンローディングと観《シーイング》るの違い

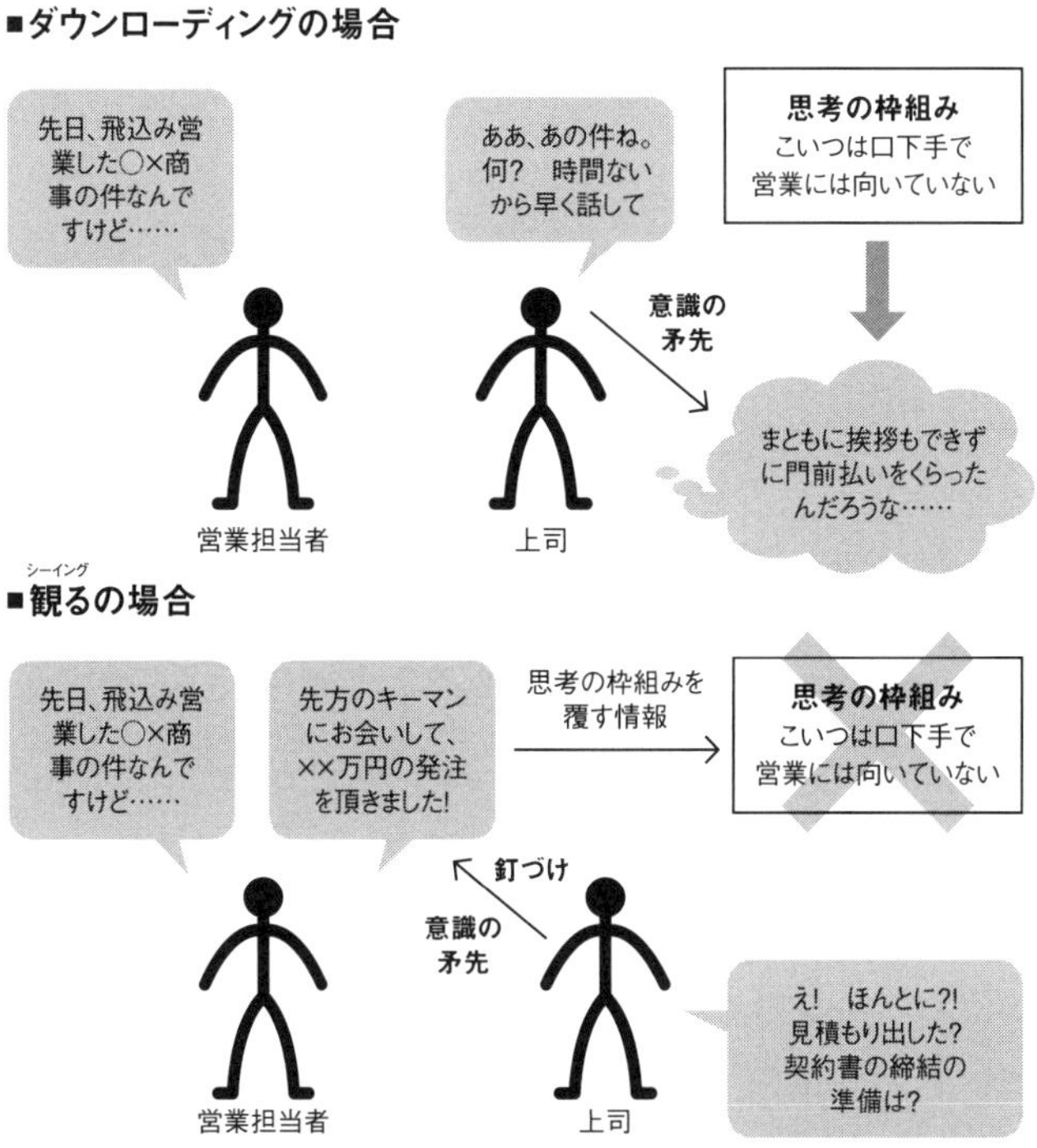
■ダウンローディングの場合
先日、飛込み営業した○×商事の件なんですけど……
ああ、あの件ね。何？ 時間ないから早く話して
思考の枠組み
こいつは口下手で営業には向いていない
意識の矛先
まともに挨拶もできずに門前払いをくらったんだろうな……
営業担当者
上司
■観《シーイング》るの場合
先日、飛込み営業した○×商事の件なんですけど……
先方のキーマンにお会いして、××万円の発注を頂きました!
思考の枠組みを覆す情報
思考の枠組み
こいつは口下手で営業には向いていない
釘づけ
意識の矛先
え! ほんとに?! 見積もり出した？ 契約書の締結の準備は？
営業担当者
上司

観《シーイング》るに移行すると目の前の事象、情報、状況に意識の矛先が向けられ、釘づけになる

02 観《シーイング》るの限界

観《シーイング》るで乗り越えられるもの、乗り越えられないもの

ダウンローディングの状態から抜け出して、観《シーイング》るに移行することで、目の前に集中しはじめ、議論が活発になり、話し合いは熱を帯びてきます。ダウンローディングが継続している時に比べれば、観《シーイング》るに移行するだけで生産性は向上していると言えます。

しかしながら、観《シーイング》るの状態のままでは、議論が平行線をたどる、堂々巡りをするといった形で問題が解決できないままの状態が続いたり、停滞したりすることがあります。

観《シーイング》るの状態は、過去の枠組みが刺激されることで生じる「思考のおしゃべり」のとらわれからは解放され、目の前の状況にくぎ付けになってはいますが、**過去の枠組みそのものが変わったわけではありません。**したがって、その人の中では、「○○という考え方が正しい。それ以外は間違っている」、「○○は××であるべきだ」といった枠組みは強固に存在したままになっています。

たとえば、会社の業績の見通しが悪くなってくると、職場の雰囲気もギスギスしたものになり、状況が悪化している感覚だけが募っていくことがあります。そうした状況を何とかしようと合宿を行うこともありますが、ほとんどのケースは「同じ目的・目標に向かってみんなが気持ちをひとつにして一枚岩化するべきだ。北極星となるものをみんなで見出さねば」というチーム団結主義者と、「そんなフワッとしたことよりも、目先のことをそれぞれがきちんとやるべきだ」という実利行動主義者で、意見がすり合わなくなるものです。

チーム団結主義者は、過去にチームスポーツを経験したことがある人が多く、その成功体験から「気持ちをひとつにしなければ難局は乗り越えられない」という強い信念が存在しているようです。それに対して、実利行動主義者はプレーヤーとして優秀な人が多く、問題が難しくなればなるほど、他の人たちがきちんと問題解決できないことにいら立ちを感じ、自分がその尻拭いをしているかのような感覚に嫌気がさしていることが多いようです。

図3-3 「観る《シーイング》の限界」

チーム団結主義者

過去の経験
・チームスポーツ
・一致団結して乗り越えた過去のプロジェクト経験

↓

強い前提
・同じ目的、目標に向かって、一致団結しなければ難局は乗り越えられない

実利行動主義者

過去の経験
・「仲良しクラブ」化して何も生まれず最後は自分で尻拭いをしたという経験

↓

強い前提
・一人ひとりが全力を尽くしていないだけだから、まずは目の前の問題に真剣に取り組むべき

❶ 同じ気持ちになって目指せる北極星となるものを見つけよう →

❷ 人はそれぞれ、違うんだから、そんな北極星なんてすぐには見つからない ↓

❸ それよりも役割分担を明確にして、それぞれの目先の仕事に集中すべきだ! ←

❹ バラバラに動いたって、結局形にならない。それでうまくいくなら今までもうまくいったはず ↓

❺ 状況が厳しいからこそ知恵を出し合わないと! →

❻ 知恵を出し合うにもバックグラウンドが違うから表面的な話し合いにしかならない ↓

❼ 一人ひとりが死にもの狂いで考えて行動しないと答えなんて見つからない ←

❽ 一人でやれることなんて限られている! 力を合わせないと解決できない時がある

哲学、価値観、立っている観点等が異なっていたり、利害が対立している時、観る《シーイング》のままでは、意見が対立し、平行線をたどる

⇩社会的な複雑性とダイナミックな複雑性

こうした価値観、主義、主張へのこだわりが強かったり、「この議論に負けてしまうと自分や周りの人たちの損失が大きくなる」という認識が生じたりすると、譲れなさの度合いは高まります。すると、議論は平行線をたどり、堂々巡りに陥りやすくなります。

こうした価値観、主義、主張の折りあえなさや利害の対立によって生じる複雑さのことをシャーマー博士たちは、**社会的な複雑性**と呼んでいます。社会的な複雑性は、人間がもつ心理的な側面や社会性が原因となって生じる複雑性です。

それに対して、ルービックキューブ型の問題として表現されている複雑なつながりによって生じるものに対しては、**ダイナミックな複雑性**と名付けられています。ダイナミックな複雑性は、**複雑に要素が絡み合いすぎているために、人間が認知できる限界を超えてしまっていたり、それぞれの立場にいる人が対処できる範囲を超えて影響を受け、また影響を与えてしまっていたりするために生じる**複雑性です。

ダイナミックな複雑性の例には推挙に暇がありませんが、代表的な例としてはグローバル経済そのものがあります。経済政策は、今や一国の範囲の中でコントロールできるものではなく、国を超えて複雑に絡み合っています。したがって、２００８年に生じたリーマン・ショックに代表されるような大企業の倒産や他国の通貨危機が生じたりするだけで、自国の景気を大きく左右するような事態が生じるのです。またリーマン・ショックは、まるでリーマン・ブラザーズ社の倒産だけが混乱の原因のように見えていますが、実際には倒産に至るまでの間、何十年にも渡って様々な出来事が世界中で生じており、そのすべてが混乱の引き金となっているのです。

ダイナミックな複雑性が高い時は、自分が見ている現実が正しいとは限らないのに、それぞれの立場にいる人が、「この問題の原因と解決策は、絶対にこれに違いない！」と決めてしまいがちです。そのような状況にはまり込んでしまうと、**すり合うことのない見解の違いが生じ、それ自体が社会的な複雑性となり、譲れなさの度合いを高め議論を迷走させる**ことになります。その後、対立にまで発展し、決裂するという結末にたどり着いてしまうということも少なくありません。

これが**レベル2観る《シーイング》による対応の限界**と言えるでしょう。

Part 4

[レベル3]

感じ取る《センシング》

Story 4
自分の靴を脱ぎ、相手の靴を履く
近しい人と気持ちが通じ合えないのは辛いものだよね
当時の祥子さんは何をわかってほしかったんだろうね？
えっ
え…と…
あれ
私…
なにをわかって欲しかった…？
たぶん不安な気持ちそのものだったんじゃないかな

前の会社では自分一人で
プレッシャーを抱えていて
成果が出せなかった時に
周りに迷惑をかけたり
周りの評価が下がって
孤立してしまうのではないか
という不安
元カレの時には
自分と将来を共にする
つもりがあるのか
本当にこの人とやっていけるのか
どうかわからない不安

そう…
だと思います
ど…どうしてそんなに大河内さんは私のことがわかるんです？
ふふふ
不思議かい？
その秘訣がソーシャル・フィールドのレベル3「感じ取る《センシング》」なんだ
「感じ取る《センシング》」？
ソーシャル・フィールドの4つのレベル
ダウンローディング
レベル2 観る
レベル3 感じ取る
プレゼンシング

ところで祥子さんには
自分の気持ちに常に寄り添い
自分が言葉にしていない気持ちまでもなぜか汲み取ってくれる人はいるかな
……
……います
いま、した…
それは誰か聞いても？
…父です
小学生の時に亡くなりましたけど…

母はとても
厳しい人でしたが
父はいつも
味方でいてくれて
私のすべてを受け入れて
くれていました…
お父さん…
す
え…？
あっ…

「感じ取る《センシング》」の力は
家族のような近しい存在に限らず
仮に深い間柄でなくてもその人に信頼を寄せることができるようになることにあるんだ
そうか…
見ず知らずの大河内さんに信頼を寄せることができたのは
受け入れられている感覚がお父さんと似ていたからなんだ…

どうしたらいいんでしょう…
コンサルタント時代はクライアント先でも受け入れられ
何よりロジカルシンキングを重視することでプロジェクトを成功に導いてきたのに…
そうだねぇ
自分が当事者となっている関係においては
問題が同じであったとしてもルービックキューブ型の問題になることがあるんだよ
えっ？それは…？

コンサルタント時代は外部の人だったからこそジグソーパズル型の問題のように扱って
ロジカルシンキングによる分割と個別施策の積み上げによる解決ができただけだということ
ああ…
そうか…
以前の私は部外者で
今の私は当事者として
自分が状況の一部であることを
ずっと気に留めながら
彼らと向き合わなければならないんだ

私が「感じ取る《センシング》」に
到達するためには
どうすれば
いいんでしょうか
とくに…
関係をこじらせて
しまったメンバーに
対して…
3本指の話を
しようか

自分が何かの問題を語るとき人差し指を向けるように問題を指摘するよね
これが問題だあいつのせいだってね
でも、自分の指の形を見てみると
中指・薬指・小指は自分の側に向いている
本当だわ
それは自分以外の何かや誰かに問題があると人差し指を向けているとき
「そんなあなたが問題だ」と誰かもあなたに人差し指を向けていることを意味しているんだ

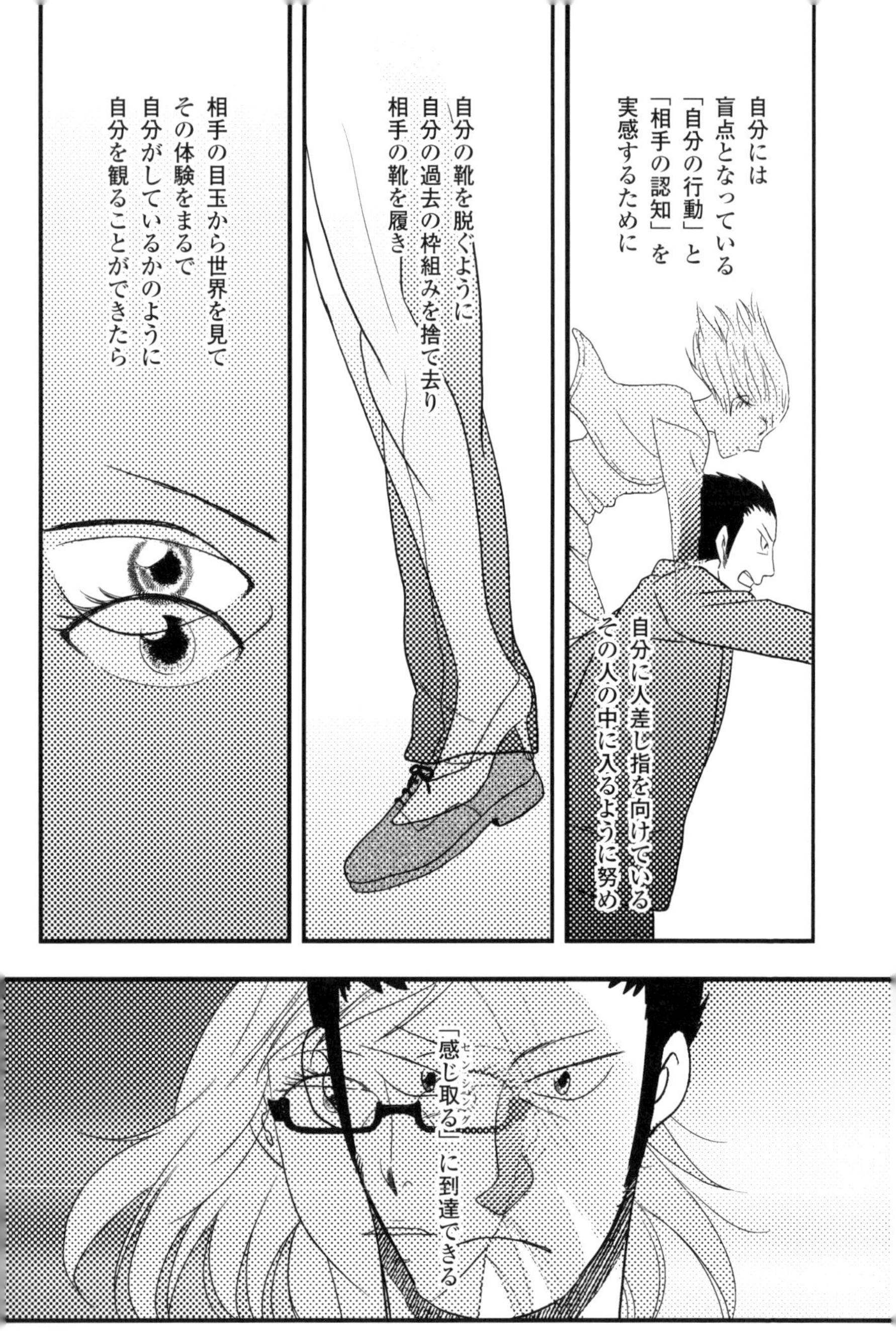
自分には
盲点となっている
「自分の行動」と
「相手の認知」を
実感するために
自分に人差し指を向けている
その人の中に入るように努め
自分の靴を脱ぐように
自分の過去の枠組みを捨て去り
相手の靴を履き
相手の目玉から世界を見て
その体験をまるで
自分がしているかのように
自分を観ることができたら
「感じ取る《センシング》」に到達できる

そんなことできるでしょうか…
そういう話になると思って
練習道具を用意しておいたんだ
にこ
対立ループ ダイアグラム
2. 反応的思考や感情
（不満、非難、見下し等の負の気持ち）
5. 反応的思考や感情
（不満、非難、見下し等の負の気持ち）
自分
相手
3. 言い訳、自己正当化の声
これは対立ループダイアグラムというんだ
対立ループダイアグラム？
このワークを通して
1対1の人間関係の中で発生した問題が
どんなメカニズムで起きているかが見えてくるんだよ
や やります
じゃあ早速やってみようか

対立ループダイアグラム
2. 反応的思考や感情
不満、非難、見下し等の負の気持ち）
・どうしてそんなことをするんだろう。
・計画通りに仕事が進められなくて困る。
・仕事に私情を持ち込まないでほしい。
3. 言い訳、自己正当化の声
・だって自分が正しいと思っているんだもん。
・だってやり方が間違っているんだもん。
・だって仕事と私情をごちゃまぜにしているんだもん。
自分
相手
5. 反応的思考や感情
（不満、非難、見下し等の負の気持ち）
・突然やってきて生意気だ。
・今までは自分のやり方でやって来ていたんだ。
・調子に乗るな。
・何も言い返せない自分にイライラしている。
6. 言い訳、自己正当化の声
・だって私たちが今までやってきたことを壊そうとするんだもん。
・だってロジックや戦略ばかり言って現場の声を聞こうともしないんだもん。
1. 迷惑行為・マイナス行動
※自覚的、無自覚的な行動
・提案をしても全部反対する。
・指示に従ってくれない。
・私のことが嫌いだと態度に出して仕事する。
4. 是正措置行動、回避、改善行為
・冷静に話をする。
・ロジック的に正しいことを示してあげる。
・ダウンローディングにならないように話を聞く。
・企画の進捗を細かく確認する。
7. 是正措置行動、回避、改善行為
・議論に打ち勝ってなんとしてでも説得しようとする
・意見を押し通そうとする
・的を外した指示は無視する

サ
祥子さん？
部下の不可解で不合理な行動は
私が引き起こしていたのだと合点がいきました…
不思議ですね
さっきまでなんのかんの言って彼に対して人差し指を向け苛立っていたのに
今は申し訳ないと思っています…

うん
まさにそれなんだ
えっ
それが「感じ取る《センシング》」に
到達したという証なんだ
生きとし生けるものに
優しくありたい
労りたいという
人が本来持つ心根の美しさ
それが開かれた心に
アクセスするということ
祥子さんは今
まさにその状態にいる
私が…

自分が当事者となっているルービックキューブ型の問題は
周りの関係者のことや自分に人差し指を向けている人に対してさえも労われる心が必要なんだ
すなわち開かれた心にアクセスしなければ解決しないことが多いんだよ
これが…「感じ取る《センシング》」…
さて
「感じ取る《センシング》」に到達できた祥子さんに
僕からひとつリクエストがある
は、はい なんですか？

おっと
その前に
意地悪を
するようだけど
内容を伝える前に
それを引き受けるか
どうか決めて
ほしいんだ
えっ
な、なにを
させるのかしら…
なんで
内容を聞く前に
やるかやらないかを
決めなきゃいけないの?
でも…
大河内さんのことだから
きっと深い考えがあるはずよね
悪いようには
しないはず…
…はい
やります

素晴らしい よくぞ、勇気ある 選択をしたね
では リクエストを伝えるね
パチパチ
対立ループダイアグラムで見えたことを
その部下に自己開示すること
つまり自分の内面で起きていたこと気がついたことを明かして
謝罪してきてください
!?
えええええええええええええ

そっそんな もしそんなことを したら…！
部下は驚くだろうし 突然何をいい出すんだと きっと引いちゃいます
それでなくても 信頼されていないのに 余計に孤立しちゃいますよ！
それが ソーシャルフィールドの 最終段階レベル４「プレゼンシング」に
到達しようとしている証だよ 到達するには恐れによる執着を 手放さないとね
ソーシャル・フィールドの4つのレベル
ダウンローディング
観る
感じ取る
レベル4 プレゼンシング
ぷ、プレゼンシング？
て、手放す…？

U理論が他の経営手法と一線を画すのはここにあるんだよ
自分の生存本能からくる恐れや頭の中をぐるぐるとめぐる予測を乗り越えた時
恐れ・予測
深い静寂と共に開かれた意志にアクセスし
イノベーションの種が芽生えてくることを解き明かしたんだ
U理論ではその静寂の瞬間をプレゼンシングと呼び
そこから「未来が出現する」と表現しているよ
私が田麦さんに謝罪することが
イノベーションにつながるっていうの…？

01 感じ取る《センシング》とは

⇩「自分の靴を脱いで、相手の靴を履いている状態」

レベル1ダウンローディング、レベル2観る《シーイング》の次にくるのは、レベル3感じ取る《センシング》になります。

レベル1、レベル2は日常生活のなかで行き来しやすいのに対して、この感じ取る《センシング》というレベルは、意識せずにいてはなかなかたどり着きづらい領域になります。つまり、私たちは、普段ほとんど、レベル1かレベル2にとどまっていると思って間違いないでしょう。

では、**レベル3感じ取る《センシング》**とはどういう状態なのでしょうか？

それは**過去の経験によって培われた枠組みが崩壊し、枠組みを超えた側から今の自分や状況が見えている状態**となります。

シャーマー博士は、この状態を図4-1のように示し、**「自分の靴を脱いで、相手の靴を履いている状態」**とも表現しています。

感じ取る《センシング》は、わかりやすい経験で言えば、「親になってはじめて、親の気持ちがわかった」、「部下をもって、あの時に上司が口を酸っぱくして言っていたことがよくわかった」といった体験をした時の状態にあたります。

こうした状態になった時、これまで自分が感じ取っていたこととは全く違う次元で、状況を感じられるようになります。

当時は頭でしかわかっていなかったことが、肌身でわかるような経験は、しばしばあるものです。子どもを産み、親になってみて、管理職になり部下をもってみてはじめて、当時、親や上司が言ってくれたことの意味がわかったり、どういう気持ちでその言葉をかけてくれていたのか、その心のひだまでがわかったりするようになります。

図4-1 感じ取る《センシング》の状態図

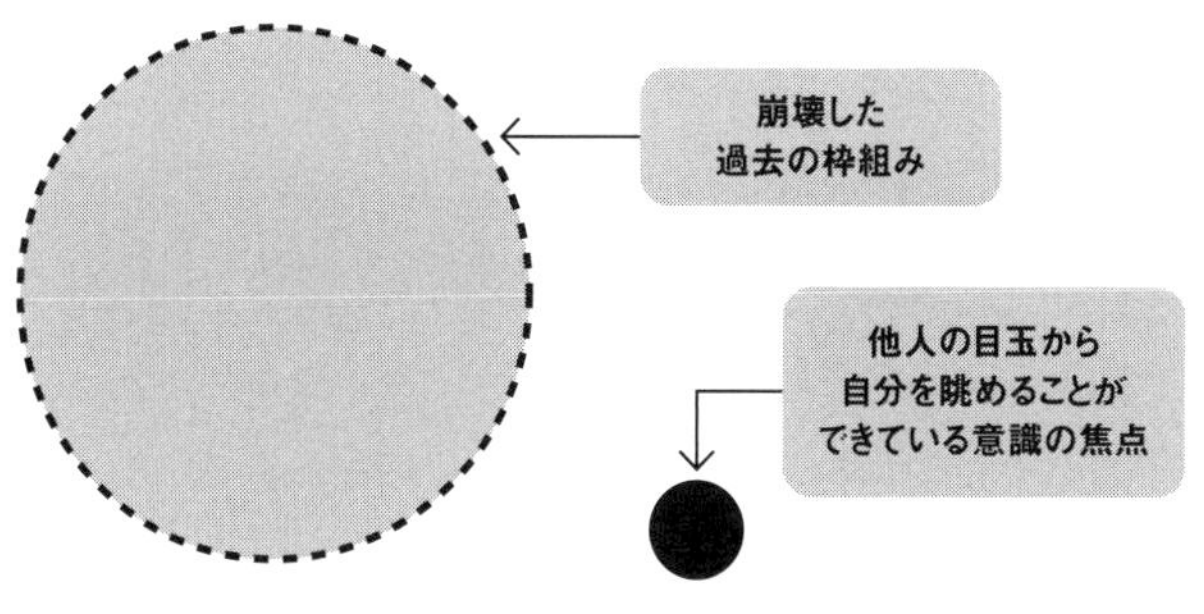
崩壊した
過去の枠組み
他人の目玉から
自分を眺めることが
できている意識の焦点

よく、「相手の立場になって考えなさい」、「顧客視点に立ったサービスをするように」という言葉が使われますが、それはすべてレベル3の状態に入ることを促しています。しかし、実際にはこれは言うほど簡単ではありません。なぜなら、人は自分の経験によって枠組みを構築し、基本的にその枠組みの内側でしか認知することはできないからです。

わかりやすい例でいえば、出産の痛みは、一生出産する機会に恵まれることのない男性にとってはわかりようもありません。よく、出産の痛みのたとえとして、鼻からスイカを出すくらい痛いという表現がされますが、男性にとってみればその痛みはわからないばかりか、そもそも「鼻からスイカは出ない」としか思えないでしょう。

これはひとえに、過去の枠組みが崩壊し、相手の枠組み（出産の経験者の枠組み）から現実を実感することができないことに起因しています。

「自分の靴を脱いで、相手の靴を履く」というのは、言い換えれば、**自分の過去の枠組みからくる経験のレンズをすべて壊して、まるで他人の身体の中に入ったかのように他人のレンズを通して世界を実感する**ということです。

こう聞くと、「そんなことは不可能だ」と思うかもしれませんが、そのくらい、感じ取る《センシング》というレベルに到達するのは難しく、ふつうに生活していてもなかなか到達できないと理解することが重要です。

⇩感じ取る《センシング》に移行するには？

では、実際に不可能なのかというと、必ずしもそういうわけではありません。相手そのものにはなれないまでも、自分の過去の枠組みが崩壊することで、全く違う世界が見えてくるということは起こり得ます。

レベル3感じ取る《センシング》への、もっとも簡単な移行法のひとつは、**実感したい対象を擬似体験する**ことです。

教育の現場では、こうした擬似体験によるレベル3感じ取る《センシング》への移行の手段は、そこかしこに見られます。たとえば、多くの自動車教習所ではドライビングシミュレーターが導入されています。シミュレーターという機械なので、実際の車に乗っているわけではありません。しかし、擬似体験ができることで、突然のアクシデントに対する対応などを身体で覚えることが可能になります。

また、企業の中ではジョブローテーションを行うことがありますし、新入社員研修では、現場の苦労を知るために、営業職でなくても営業を体験する、工場の生産ラインに立つ職務につかなくても、まずは工場で働くなどの工夫がされることがあります。これは、相手の立場に実際に身を置くことで、頭で考えただけの現場感のない施策を推し進めたり、無益な対立が生じないようにするための予防策であるとも言えるでしょう。

レベル3感《セン》じ取《シング》るの状態に到達すると、様々な背景を察知できるようになり、**すべてを言葉で表さなくとも通じ合える感覚**が高まります。

擬似体験は、レベル3感《セン》じ取《シング》るの状態に到達する方法としては非常に有効ですが、そうした機会をつくること自体が難しいケースがほとんどです。普段からこのレベルに到達できるようになるためには、159ページで紹介する「対立ループダイアグラム」のようなツールを使い、自分の過去の枠組みを自分自身で深く見つめなおすといった工夫を凝らした**内省**が必要となります。

⇩感《セ》じ《ン》取《シ》る《ン》《グ》に到達することは、問題解決の入り口に立つこと

前章で紹介したレベル2観《シーイ》る《ング》の限界は、それぞれが自分の枠組みを崩壊させせないまま、価値観、主義、主張や利益を相手に押し付けようとしてしまうため、わかり合えない感覚が増し、議論を膠着させてしまうことにあります。

逆を言えば、自分の価値観、主義、主張や利益を押し通そうとする自分の靴を脱ぎ、相手が相手自身の価値観、主義、主張や利益を押し通そうとする背景にある気持ちを汲み取って、自分のことのように実感することができれば、無用な綱引きや駆け

引きがなくなり、お互いに何が可能なのかを膝を突き合わせて対話ができるようになります。

このように書くと、「相手の価値観、主義、主張などが明らかに間違っているのに、それを承諾することになるのではないか？　それは誤った結論を導くのではないか？」という疑問をもつかもしれません。

ここで着目したいのは、どちらの価値観、主義、主張が正しいのかの決着をどう適切につけるのかということでもなければ、妥協して解決策を見出すということでもありません。**それぞれが、自分の価値観、主義、主張の枠の中にとどまったままでいること自体が限界を生み、事態の進展を妨げている**という点です。

物語の中でも紹介されていたアインシュタインの言葉「今日我々の直面する重要な問題はその問題をつくった時と同じ思考レベルで解決することはできない」の通り、同じ思考レベル、すなわち過去の枠組みを乗り越えたところで、はじめて解決策が見えてくるようになります。

したがって、レベル３感じ取る《センシング》の状態に到達するということは、**明らかに間違っていると感じる相手の価値観、主義、主張を承諾して問題の解決を図ることではなく、問題解決の入り口に立つ**ことを意味するのです。

②相手の背景に身を置く想像をしてみて、
「相手の目玉」から状況がどう感じ取れているかを味わう

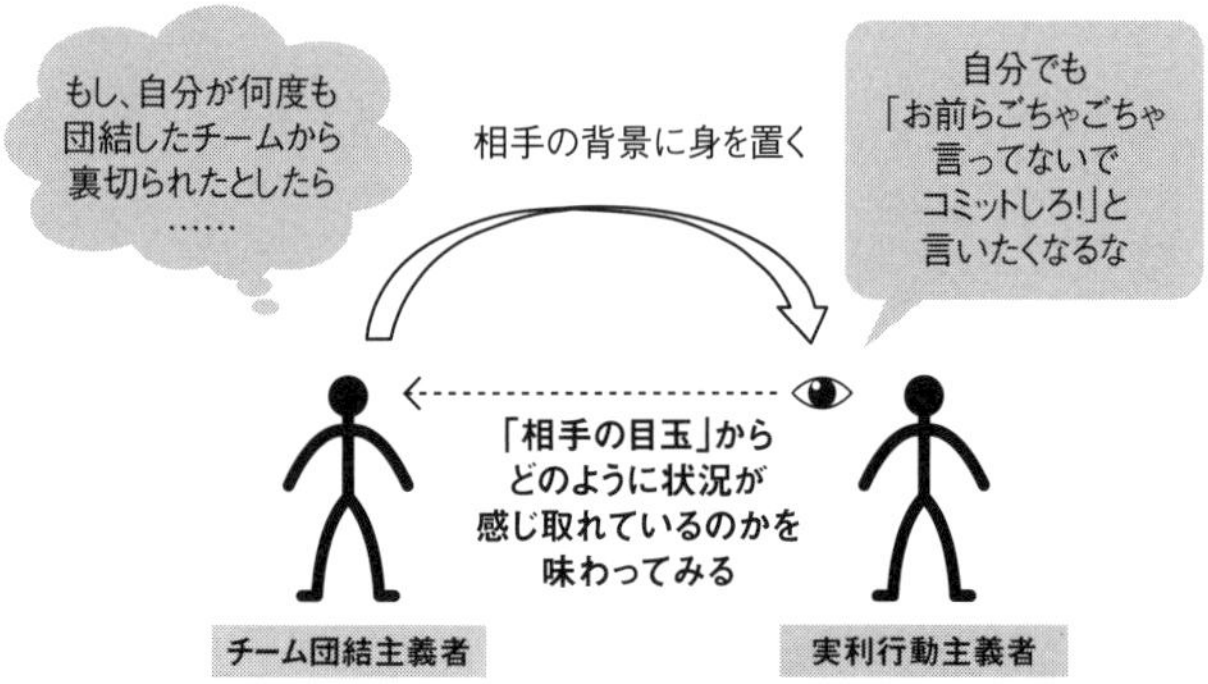
もし、自分が何度も
団結したチームから
裏切られたとしたら
……
相手の背景に身を置く
自分でも
「お前らごちゃごちゃ
言ってないで
コミットしろ!」と
言いたくなるな
「相手の目玉」から
どのように状況が
感じ取れているのかを
味わってみる
チーム団結主義者
実利行動主義者

チーム団結主義者の
実利行動主義者への共感

図4-2 観る《シーイング》から感じ取る《センシング》への移行

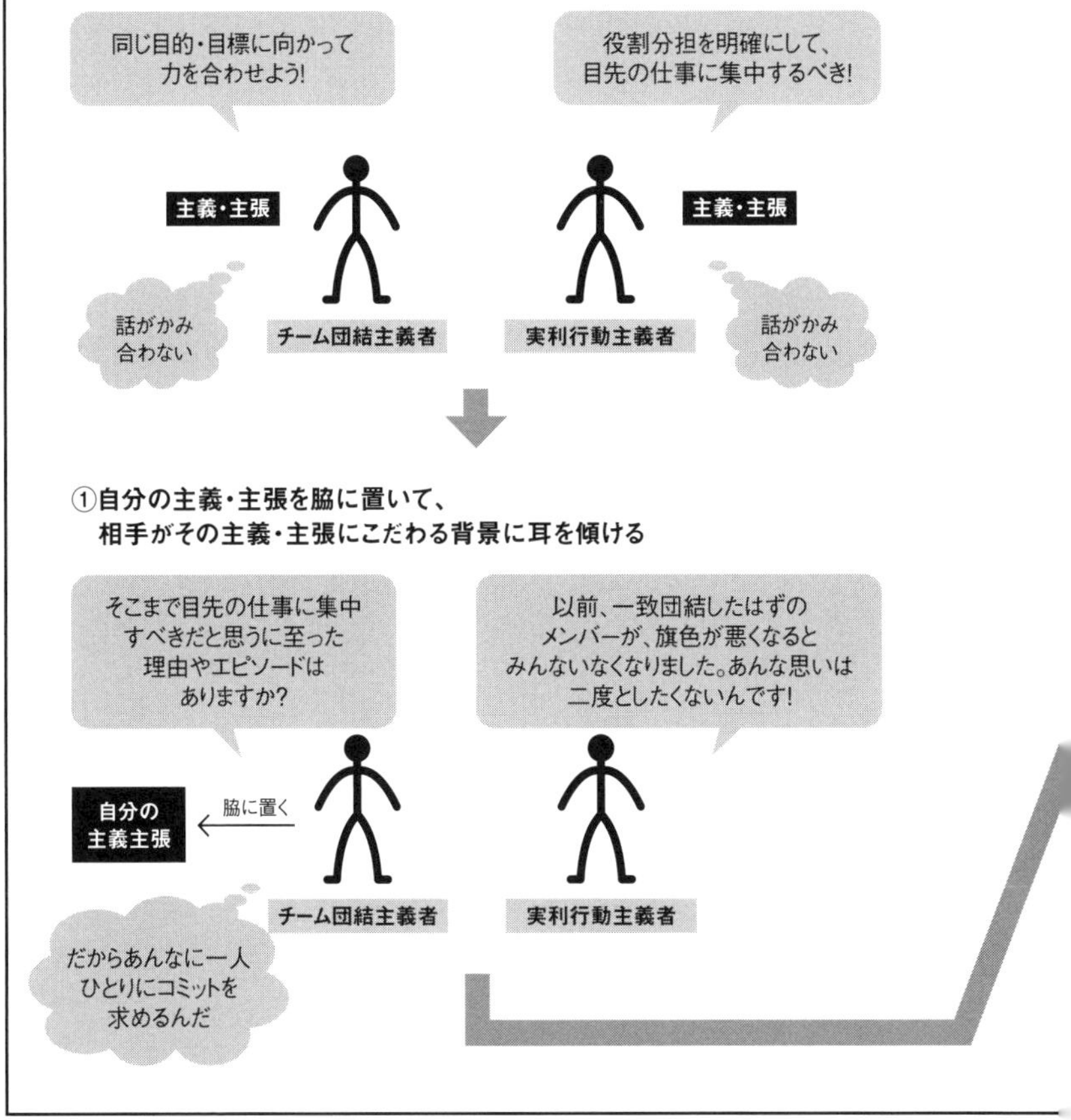
同じ目的・目標に向かって
力を合わせよう!
役割分担を明確にして、
目先の仕事に集中するべき!
主義・主張
主義・主張
話がかみ
合わない
チーム団結主義者
実利行動主義者
話がかみ
合わない
①自分の主義・主張を脇に置いて、
相手がその主義・主張にこだわる背景に耳を傾ける
そこまで目先の仕事に集中
すべきだと思うに至った
理由やエピソードは
ありますか?
以前、一致団結したはずの
メンバーが、旗色が悪くなると
みんないなくなりました。あんな思いは
二度としたくないんです!
自分の
主義主張
脇に置く
チーム団結主義者
実利行動主義者
だからあんなに一人
ひとりにコミットを
求めるんだ

自分に向けられた3本の指の意味を実感する

02

⇩ピーター・センゲ博士の3本の指

前項で、レベル3感じ取る《センシング》とは過去の経験によって培われた枠組みが崩壊し、枠組みを超えた側から今の自分や状況が見えている状態であることを紹介しました。

ここでは、物語のテーマにもなっている、リーダーシップや人間関係に焦点を絞りながら、レベル3感じ取る《センシング》について、詳細に見ていきます。

シャーマー博士に多大なる影響を与えた人物の一人に、同じくマサチューセッツ工科大学経営大学院上級講師であるピーター・センゲ博士がいます。彼は「学習する組織」を提唱したことで有名ですが、U理論の体系化にも大きな影響を与えています。また、それだけでなく、シャーマー博士と共に様々な研究と変革活動を推進しています。

彼は感じ取る《センシング》というレベルで物事を捉えることの大切さを、手の形で表現しました。

私たちは、何かの問題を抱えた時、その問題や原因に対して、「あれが問題だ」、

「これが原因だ」とまるで人差し指で指し示すかのようにそれらを指摘すると言っています（図表4－3）。

その時、人差し指は自分が問題や原因だと指摘している対象に向けられていますが、同時に中指、薬指、小指の3本は自分の側に向けられています。その意味が実感できないと本当に必要な変化を起こすことはできないとピーター・センゲ博士は言います。

⇩3本の指が意味するもの

これはいったい何を示しているのでしょうか？

この自分の側に向いている3本の指とは、言い換えれば、相手から自分に向けられている人差し指と言えます。

たとえば、リーダーとしてメンバーに指示を出しているのに「笛吹けども踊らず」の状態になっていたり、人間関係がこじれた状況においては、自分にある程度の非があるとは認めつつも、相手（メンバーやこじれた人間関係の相手）の側にも問題があると認識しがちです。いわゆる愚痴がそれに当たりますが、相手に対する不平不満を述べている人の話を聞いていると、まるで人差し指で指すかのように、相手の側の問題のある態度や気性、性格などを、原因としてあげつらっていたりします。

人間関係がこじれてしまっている場合、実際には、相手の側も相手の側で、相手自身の非を認めつつも、こちら側の態度に対する不平不満を言っていることが往々にしてあるものです。つまり、相手は相手で、人差し指で指すかのように、こちら側の問題のある態度や問題を起こしている気性、性格などを、原因としてあげつらっているのです。

「自分に向けられた3本の指の意味を実感する」というのは、**自分の靴を脱ぎ、相手の靴を履いている、もしくは、自分の目玉からでなく、相手の目玉からまるで自分を観るように自分を眺めることができた時、相手の側が自分に対して人差し指を指すかのように非難したくなる気持ちが、「自分のことのように」実感できる**ということを意味します。

こうした状況になってはじめて、本当の変化を起こせる可能性が開けるということがピーター・センゲ博士の言及していることです。この3本の指の意味がそのままU理論でいうレベル3感じ取る《センシング》で伝えようとしていることと一致します。

⇩開かれた心にアクセスする

相手の目玉から自分自身を眺めることができた時、相手の不可解で、不快だった態度に対する謎が解けます。「自分が相手の立場にいたとしたら、自分でも同じことをするなあ。なんということだ」という実感がこみ上げ、嘘のように一方的に相手を責める気持ちが消えてなくなっていくのです。

シャーマー博士は、この状態のことを**「開かれた心にアクセスする」**という言葉で表現しています。

レベル２観る《シーイング》の状態は、ダウンローディングの状態と比べて、新鮮に物事を捉えていることから、**「開かれた思考にアクセスする」**と述べられていますが、このレベルではまだ、偏見にとらわれずに情報を客観的に捉えているだけなので、そこには、相手の見ている世界を自分が見ているように感じられるような共感的な感覚はありません。

議論が平行線をたどっていたり、リーダーとしてメンバーに指示を出しているのに笛吹けども踊らずの状態になっていたり、人間関係がこじれている状態に陥っている時は、レベル２観る《シーイング》の状態だけでは本当の解決はできません。

なぜなら、認知と行動のループで見たように、こちらの行動が相手の認知と行動の引き金となっているからです。

言い換えれば、**相手の行動に対して、愚痴や不平不満を言っている状態というのは、相手から見た自分の行動と相手側の認知が見えていない**ことを意味します。

相手の認知を自分のことのように実感し、相手の行動に対する深い理解が共感的に

それぞれ自分に向けられた人差し指の意味を実感

夫の妻に対する共感

- 妻は慣れない育児に不安だったんだな
- 家事と育児をやれば良いわけではなくて、その大変さを分かち合う必要があったんだ
- かわいそうなことをしたな

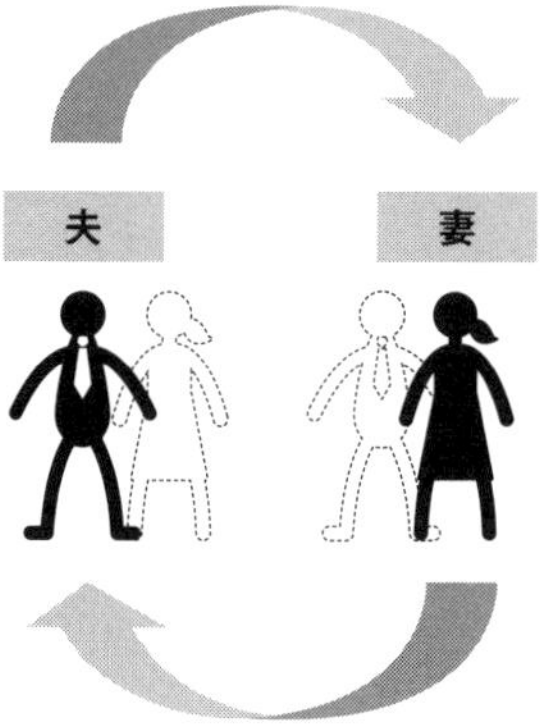

妻の夫に対する共感

- 夫は私が一方的に攻め続けていたから、混乱していたのね
- 何をやってもダメ出しをされて、窮屈さを感じていたんだな
- 申し訳ないことしたな

夫の行動	妻の行動
↓	↓
妻の認知	夫の認知
↓	↓
妻の行動	夫の行動

自分の靴を脱いで相手の靴を履き、相手の目玉から世界を見るように自分を観ることができたら、感じ取る《センシング》に到達し、「開かれた心」にアクセスできるようになる

図4-3 感じ取る《センシング》が可能にする開かれた心へのアクセス

■育児を始めたばかりの夫婦のケース

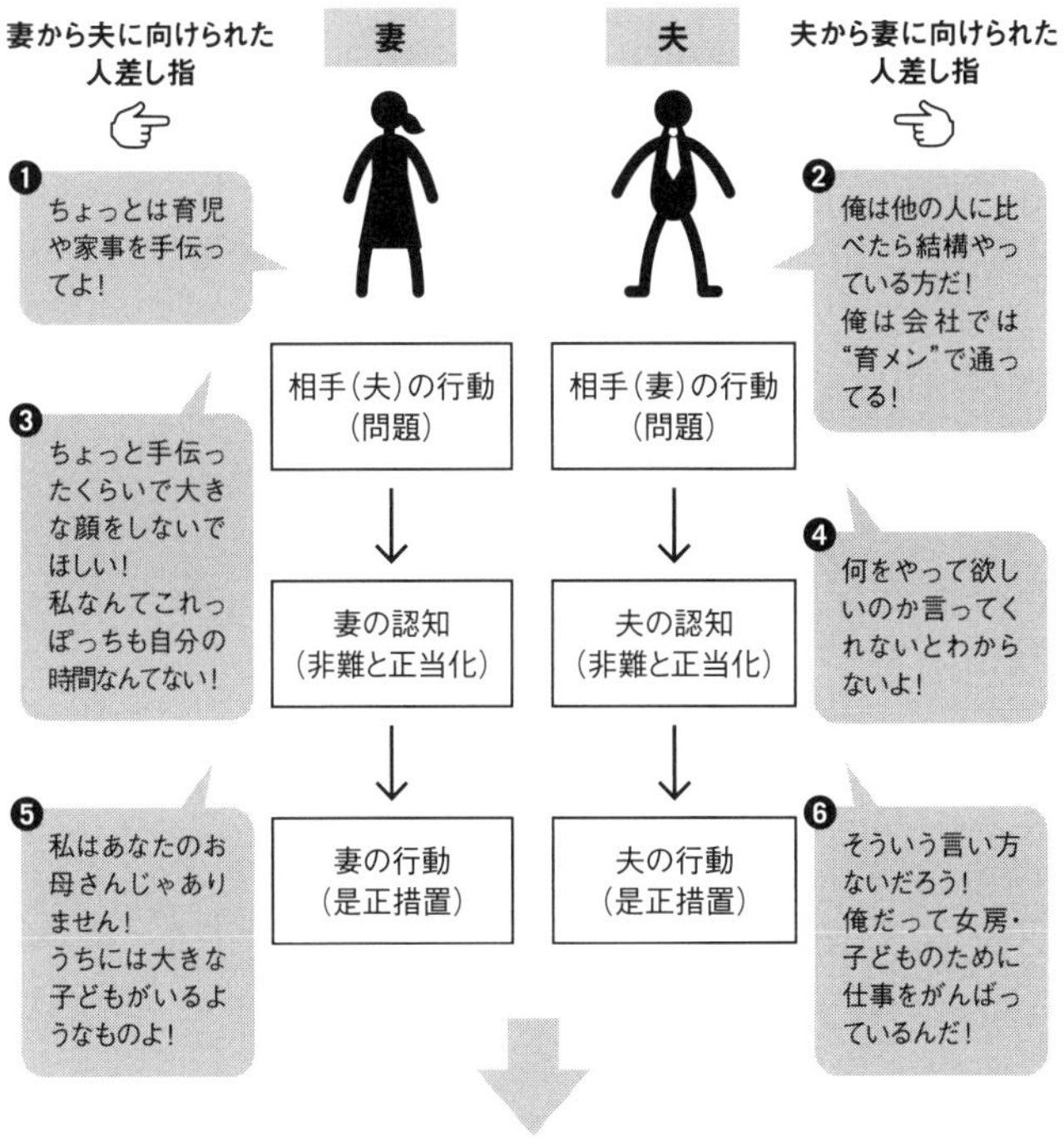
妻から夫に向けられた人差し指
妻
夫
夫から妻に向けられた人差し指
❶ ちょっとは育児や家事を手伝ってよ！
❷ 俺は他の人に比べたら結構やっている方だ！俺は会社では"育メン"で通ってる！
相手（夫）の行動（問題）
相手（妻）の行動（問題）
❸ ちょっと手伝ったくらいで大きな顔をしないでほしい！私なんてこれっぽっちも自分の時間なんてない！
❹ 何をやって欲しいのか言ってくれないとわからないよ！
妻の認知（非難と正当化）
夫の認知（非難と正当化）
❺ 私はあなたのお母さんじゃありません！うちには大きな子どもがいるようなものよ！
❻ そういう言い方ないだろう！俺だって女房・子どものために仕事をがんばっているんだ！
妻の行動（是正措置）
夫の行動（是正措置）

得られた時にはじめて、レベル3感じ取る《センシング》の状態に至ることができます。
ここで、認知と行動のループの謎が解けていくのです。

⇩感じ取る《センシング》の可能性

レベル3感じ取る《センシング》の状態に至るだけで、問題が解決できるわけではありません。しかし、これまでは、盲目的に問題を加速させていた状態だったので、感じ取る《センシング》の状態になり、それをやらなくなるだけでも、状況が変化し始めます。それだけでなく、今まで見えていなかったこと、感じられなかったことが実感できるようになることで、思考の幅が広がります。また、相手を敵とみなすのではなく、**ありのままの相手を受け入れる**という気持ちの余裕をもって接することができるようになるため、これまでとは全く違った展開も生じ得るでしょう。

これがU理論の照らし出そうとしている新しい道筋のひとつであり、レベル3感じ取る《センシング》の可能性です。

相手の目玉から自分の行動を感じ取る対立ループダイアグラム

03

対立ループダイアグラム

レベル3感《センシング》じ取るに対しての解説が続きましたが、ここで物語の中で祥子も取り組んだ、対立ループダイアグラムというワークを試してみましょう。

このワークは1対1の人間関係であれば、上司－部下関係や同僚のような職場における人間関係だけでなく、家族、恋愛関係、友人などのプライベートな人間関係でも活用可能です。

ただし、自分が当事者となっていて、こちら側の態度が相手の態度の引き金になっている状態である場合に限定されます。たとえば、相手が上司であったとしても、数千人の部署の事業部長の上司で、何階層も下の部下である自分とは直接のやり取りが発生していない場合など、自分の態度によって、相手が直接の影響を随時、受けているとは言いがたい時には活用できません。

また、直接のやり取りであったとしても、相手があまりにも無頓着で、自分の態度によって何も影響を受けていないマイペースな人で、それが故にこちら側が迷惑を被り、やきもきしているというケースも当てはまりません。

つまり、「独り相撲」となっている状況には活用できませんので、ご注意ください。あくまでキャッチボールのように、こちらとあちらでやり取りが発生しているものが対象となります。

それではワークの説明に入ります。ワークシートに当てはめながら、順を追って進めてください。

なお、本書の特典として、動画配信によってワークの進め方を紹介しています。申込みフォーム（http://www.authentic-a.com/cmp/）よりお申込みいただきますと、動画配信用のURLとワークシートダウンロード用のURLをお送りいたします。詳しくは巻末ページでもご案内していますので、あわせてご覧ください。

⇩ステップ0 対立ループダイアグラムワークシートの準備

本書162～163ページの対立ループダイアグラムワークシート（以下、ワークシート）のページをコピーし、準備します。

⇩ステップ1 改善を図りたい問題を抱えている相手をひとり選ぶ

自分が当事者となっていて、こちら側の態度が相手の態度の引き金になり得ている人物との関係を取り上げます。頭痛の種になるほどの問題にはなっていなくても、同じようなやり取りが繰り返されていて、何かしらフラストレーションを抱えているような相手であってもいいでしょう。

架空の相手や一般論ではなく、自分と現時点でやり取りが発生している実在の人物をひとり取り上げます。現在もやり取りが進行している相手の方がワークには取り組みやすいですが、既に関係が途切れてしまっている相手でも、当時のやり取りが思い出せるようであればワークは可能です。

⇩ステップ2 相手の迷惑行為・マイナス行動を記入する

ワークシートの右下にある「1．迷惑行為・マイナス行動」の欄に自分が影響を受けている相手の行為・行動を記入していきます。ここでは、相手が自覚しているか、していないかに関わらず、自分から見て迷惑だと思うもの、いかがなものかと感じるマイナスなものを、思いつく限り取り上げてください。ここに記入するものは、些細な事柄であっても構いませんが、具体的であればあるほど望ましいでしょう。第三者

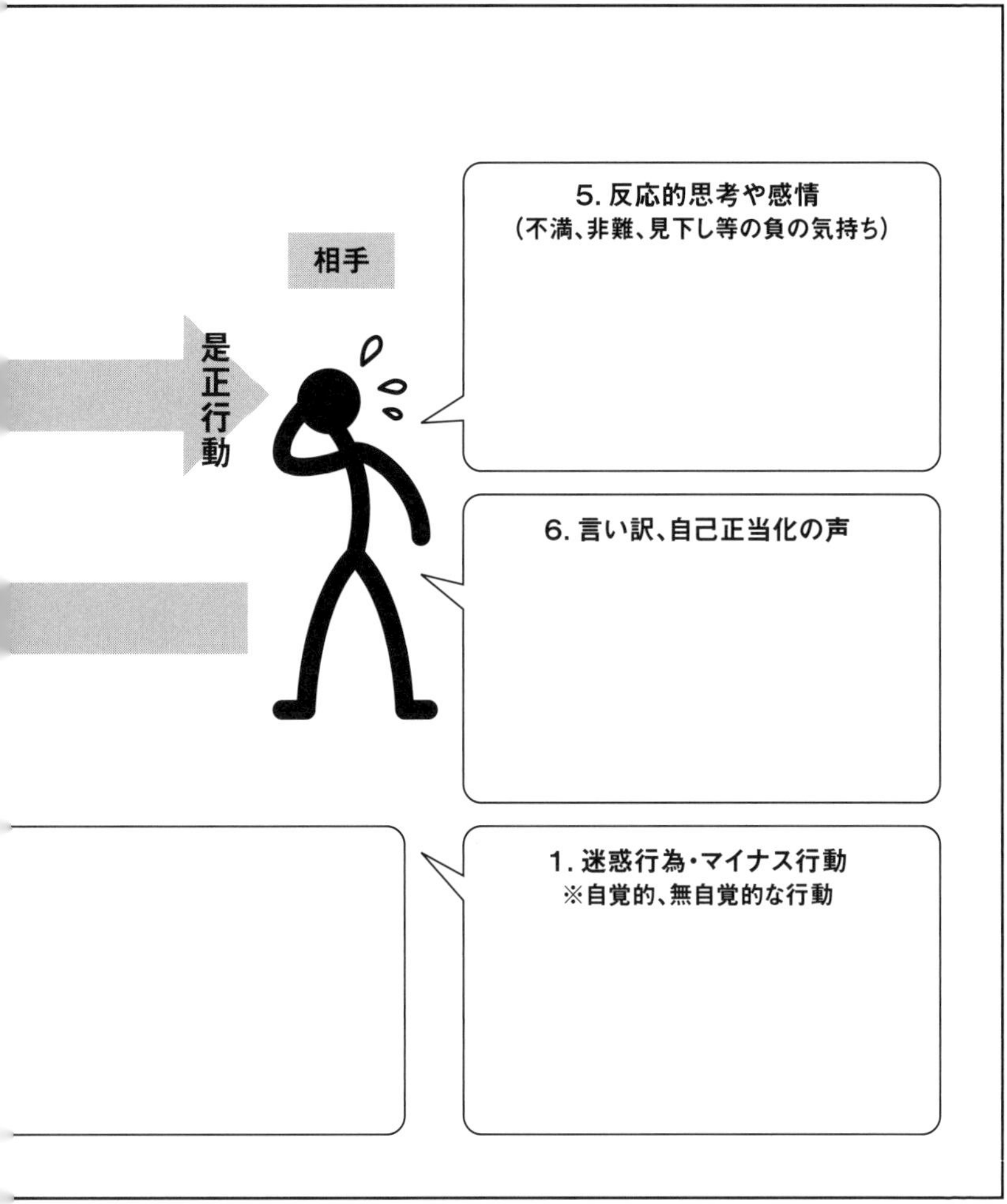
相手
是正行動
5. 反応的思考や感情
(不満、非難、見下し等の負の気持ち)
6. 言い訳、自己正当化の声
1. 迷惑行為・マイナス行動
※自覚的、無自覚的な行動

図4-4 対立ループダイアグラム

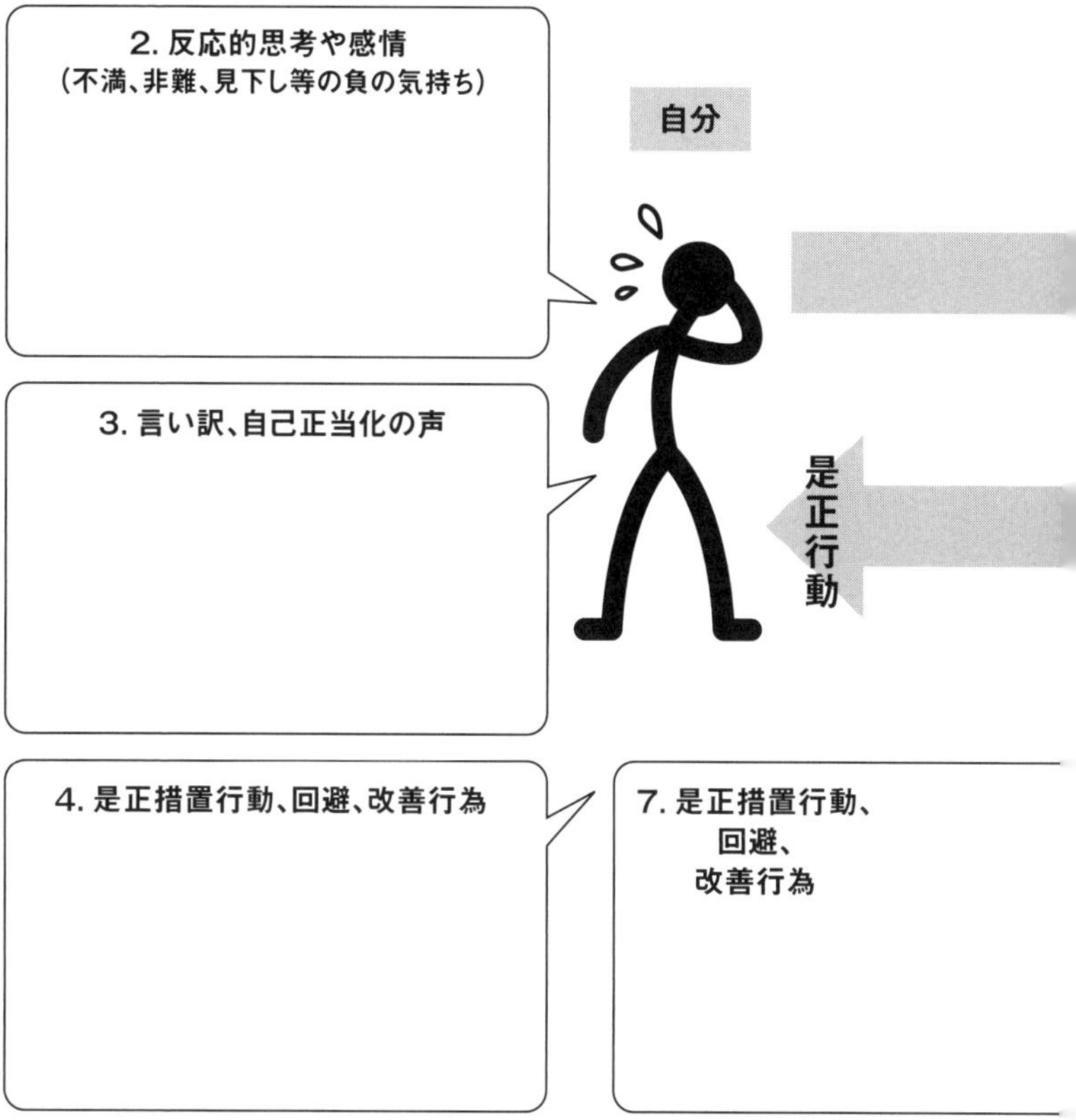
2. 反応的思考や感情
（不満、非難、見下し等の負の気持ち）
自分
3. 言い訳、自己正当化の声
是正行動
4. 是正措置行動、回避、改善行為
7. 是正措置行動、
回避、
改善行為

が読んでも、その情景が思い浮かぶくらい、具体的に記入しましょう。

また、ここで挙げられている数が多いほうがのちのワークが進みやすくなるので、数多く挙げるように心がけてください。

◎良い例

・「これやっておいて」と指示が曖昧なまま丸投げをしておいて、後から細かい注文をつけてくる

・トイレの帰りなど、突然、席に立ち寄って思い付きの指示をして、その指示を忘れられたり、指示の内容を変えられたりする

・メールの返信が遅いだけでなく、「何を言っているのかわからない」、「もっと頭を使え」という短く曖昧な返事しかこない

・報告・連絡・相談をしようにもいつも席にいない。いる時に相談にいっても話半分にしか聞いてもらえず、頭ごなしに否定し、「俺だって暇じゃないんだから、もっと考えろ！」と他の同僚に聞こえるように声を荒げられる

・飲み会の場で、お酒の力を借りるかのように「お前の悪いところは、はっきりものを言わないところだ」等と説教をする。そのくせ、次の日には泥酔していたために覚えていないという

×悪い例

・仕事を丸投げする
・思い付きの指示をする
・メールの返事が曖昧
・いつも席にいない。こちらの話を聞かず、一方的に否定する
・飲み会の席で説教をする

⇩

ステップ3 自分の側の反応的な思考や負の感情を記入する

「1．迷惑行為、マイナス行動」の欄に記入した内容に対して、自分の中で生じている不平不満などの反応的な思考や負の感情を、「2．反応的思考や感情（不満、非難、見下し等の負の気持ち）」の欄に具体的に記入してください。

その際、相手の迷惑行為・マイナス行動の一つひとつに対して、自分の中で起きている反応的な思考や負の感情を、マンガで表現される心の声の台詞のように表現するのが理想です。

◎良い例

・「注文つけるなら先に言ってくれ！」

・「また、思い付きの指示をしやがって！」

・「仕事を丸投げしておいて、頭を使えと言われても困る！」

・「暇じゃないのは、あんただけじゃない！」

・「この人には何を言っても無駄だ」

・「酒の力を借りて説教をするなんて、どうかしてる。しかも、言ったことを忘れているなんて最低すぎる」

×悪い例

・ムカつく

・イラつく

・諦めたくなる

⇩

ステップ4　反応的な思考や負の感情を抱いてしまうことへの言い訳、自己正当化の声を記入する

「2．反応的思考や感情（不満、非難、見下し等の負の気持ち）」は本人にとっては

不快ですし、自分の内面に抱えていたい人はいないでしょう。それにも関わらず、そんな思いや感情を抱えてしまう自分の身を守るかのように、人は自動的にそうした感情を抱えてしまうことへの、**言い訳や自己正当化**を始めます。

こうした自分の中で沸き起こる言い訳や正当化を「3．言い訳、自己正当化の声」の欄に記入します。「2．反応的思考や感情」と同じように、マンガの台詞のように記述していきます。

その際、「2．反応的思考や感情」で書いた気持ちの一つひとつに対して、「こんな気持ちにもなるよ、だって○○○なんだもん」という言葉で表現したとしたら、○○○に埋まるものは何かを考えるとわかりやすいかもしれません。○○○にあたる部分が、「2．反応的思考や感情」に対する言い訳、自己正当化の声ということになります。

◎良い例

・「だって、指示が適当すぎるんだもん！」
・「だって、いつも朝令暮改なんだもん！」
・「だって、メールの内容が不明確なんだもん！」
・「だって、いつも席にいないんだもん！」
・「だって、人としてやってはいけないことをやっているんだもん！」

×悪い例
・指示が適当
・マネジメントになってない
・態度がおかしい

⇩

ステップ5 相手の迷惑行為・マイナス行動に対して自分が行っている是正措置行動、回避、改善行為を記入する

相手の迷惑行為・マイナス行動が不快なものであり、それに対して自分を納得させられるだけの言い訳や自己正当化ができあがると、相手の迷惑行為・マイナス行動による迷惑を被らなくて済むよう、それらを「直そう、変えよう」としたり、もしくは「避けよう、逃げよう」とし始めます。それが「4．是正措置行動、回避、改善行為」にあたります。

相手の行為が自分にとって不都合で不快であればあるほど、その不快な感覚を早く打ち消したいという衝動に駆られます。その後、自分を不快にさせる相手に対して、「自分はやれるだけのことをやっている」という言い訳や「相手の側に問題の原因がある」という自己正当化による後押しが膨らんでいき、自分を是正措置行動、回避、

改善行為に走らせるようになります。これが、自分の側で生じる感情のメカニズムです。

「4．是正措置行動、回避、改善行為」の欄には、「1．迷惑行為・マイナス行動」に書いた一つひとつに対して、自分が積極的に直してやろう、変えてやろうとしている行動や、面倒を避けるように相手から距離をとる、すなわち避けたり逃げようとする行動を記入してください。

◎良い例

- **後になって、やり直しの指示をされないように、事前に細かな指示を仰ぐ**
- **思い付きの指示をされないように、用事がなければ声をかけられないようにする**
- **メールの返事を早くしてもらえるようにリマインドする**
- **必要以上の報告・連絡・相談はしない**
- **飲み会の席の場では近くに座らないようにする**

×悪い例

- **こまめに指示を仰ぐ**
- **避ける**

ステップ6 似たような関係性を想像し、相手と同じ立ち位置に自分を置き換える

ここで、「立場の置き換え」を行います。ここではシンプルに、「相手の立場になる」ことを、実現したいのですが、いかんせんわだかまりのある相手の立場には、なろうとしてもなかなかなれるものではありません。

そこで、わだかまりのある相手と自分自身の立ち位置や担っている役割が似ていて、かつ自分がその相手と同じ立ち位置になるような関係性を思い起こします。

たとえば、自分が上司との関係に悩んでいるのだとしたら、自分が上司となるような立場、すなわち自分に部下がいるという関係を思い起こします。これまで部下をもったことがない方であれば、アルバイト時代の後輩などを思い出してもよいでしょう。

また、思い起こした相手は、実在の人物である必要はありません。似たような関係性をイメージできれば十分です。もし、わだかまりのある相手が夫（もしくは妻）や恋人関係にあるパートナーである場合は、他の誰かと再婚したと仮定して、仮想の夫（もしくは妻）を想定したり、昔の恋人を思い起こします。

ステップ7 置き換えた立場から反応的な思考や負の感情を記入する

「5．反応的思考や感情（不満、非難、見下し等の負の気持ち）」の記入に移ります。

ここからは、置き換えた立場に自分が身を置いたとしたら感じ得る感情やとり得る態度を想像しながら記入を進めます。

もし、自分が置き換えられた立場になったとして、「4．是正措置行動、回避、改善行為」をとられたらどんな気持ちになり得るかを想像し、「5．反応的思考や感情（不満、非難、見下し等の負の気持ち）」に記入します。

たとえば、上司との関係に悩んでいるとして、「4．是正措置行動、回避、改善行為」で次のような内容を書いていたとします。

上司に対して行っている是正措置行動、回避、改善行為

- **後になって、やり直しの指示をされないように、事前に細かな指示を仰ぐ（是正措置）**
- **思い付きの指示をされないように、用事がなければ声をかけられないようにする（回避行動）**

これに対して、立場を置き換えて、自分の部下からそうした「4．是正措置行動、回避、改善行為」をされていると仮定します。より感情を際立たせるために、**「これ見よがしに」**、**「あてつけがましく」**、**「あからさまに」**というような言葉を添えると、イメージしやすくなるでしょう。

仮想の部下から是正措置行動、回避、改善行為をされていると仮定する

・後になって、やり直しの指示をされないように、事前に細かな指示を仰ぐ（是正措置）

↓いちいち言質をとるかのように、これ見よがしに、事前に細かな指示を求められる

・思い付きの指示をされないように、用事がなければ声をかけられないようにする（回避行動）

↓用事がある時だけ声をかけて、あからさまに上司である自分を避けようとする

このように立場を置き換えたところから、「4．是正措置行動、回避、改善行為」の一つひとつに対して、感じ得ることを「5．反応的思考や感情（不満、非難、見下し等の負の気持ち）」に記入します。

ステップ8 置き換えた立場から言い訳、自己正当化の声を記入する

前のステップでは、置き換えた立場に身を置いたとして生じ得る「5．反応的思考や感情（不満、非難、見下し等の負の気持ち）」を記入しました。次は、そうした負の気持ちを抱えてしまうであろう自分に対して生じ得る言い訳や自己正当化の声を記入します。

記入の仕方は、ステップ4と同じです。立場を置き換えたところから、生じ得る言い訳や自己正当化を想像しながら記入してください。

記入箇所は、「6．言い訳、自己正当化の声」となります。

ステップ9 置き換えた立場から是正措置行動、回避、改善行為を記入する

このステップでは、仮想の相手から「これ見よがしに」、「あてつけがましく」、「あからさまに」されている「4．是正措置行動、回避、改善行為」に対して、置き換えられた立場の自分が起こし得る是正措置行動、回避、改善行為を想像し、記入していきます。

その際、「4．是正措置行動、回避、改善行為」に記述された内容の一つひとつに対して、自分だったらどんな行動や行為をとり得るのかを考え、「7．是正措置行動、

回避、改善行為」に記入していきます（特典動画用に用意されたワークシートには、動画閲覧に合わせて7の欄に番号とタイトルが記入されていませんので、自分で記入してご使用ください）。

⇩

ステップ10 「1．迷惑行為、マイナス行動」と「7．是正措置行動、回避、改善行為」を見比べる

「1．迷惑行為、マイナス行動」で記入した内容と「7．是正措置行動、回避、改善行為」に記入した内容を見比べます。

もし、不可解だった相手の「1．迷惑行為、マイナス行動」に対して、「自分が同じ立場だったら、同じようなことをするなあ」という感覚があったり、「自分が相手のネガティブな態度を引き起こしていたとは……」、「申し訳ないことをした」という感覚があったとしたら、それがレベル3感じ取る《センシング》に到達した証となります。

また、レベル3感じ取る《センシング》に到達した時は、相手に対する「2．反応的思考や感情（不満、非難、見下し等の負の気持ち）」も消えるはずなので、それを目安にするのもいいでしょう。まだそうしたレベル3感じ取る《センシング》に到達した感覚がなければ、「4．是正措置行動、回避、改善行為」の記述が不十分か、立場の置き換えが十分でない可能性があります。ステップ5、ステップ6に戻ってやり直してみてください。

「1．迷惑行為、マイナス行動」と「7．是正措置行動、回避、改善行為」の内容が

すべて一致することはありませんので、その点を気にする必要はありません。
あくまでも、「1．迷惑行為、マイナス行動」で書かれたような行動を相手が起こしたとしても不思議ではない、という気持ちになっていれば十分です。

⇩ステップ11 ワークシートを元に相手と対話を行う

このワークの対象となった人と直接話をする時間を確保し、ワークシートを元に対話をします。相手の行為に対して、自分はどのように捉えていたのか、その行為によって、相手をどんな気持ちにさせていた可能性があるかなどについて、ワークシートを共有しながら伝えます。そして、可能であれば、相手に対して不快な思いをさせていた可能性があったことを謝罪してください。

謝罪後、相手の気持ちを確認しながら、今後どのような関係をつくっていきたいのかを話し合っていきます。

このプロセスは、レベル4プレゼンシングへの入り口となる「手放す」と関係する部分です。この対話の意義など、詳細は後述（211ページ）します。

相手

是正行動

5. 反応的思考や感情
（不満、非難、見下し等の負の気持ち）

・「いちいち細かいこと聴くなよ!自分の頭で考えろ!」
・「なんで、主体的に働きかけて来ないんだ!仕事は自らつくるものだろう!」
・「いちいちリマインドしてくるんじゃなくて、気を利かせてうまいこと立ち回ってくれよ」
・「なんで、もっと報告・連絡・相談をしようとしないんだ?それじゃあ状況がわからないじゃないか!」

6. 言い訳、自己正当化の声

・「だって、考え抜いてないんだもん!」
・「だって、いちいち受け身なんだもん!」
・「だって、気の利いた動きをしてくれないんだもん!」
・「だって、仕事の効率が悪いし、トラブルの原因になるんだもん!」

1. 迷惑行為・マイナス行動
※自覚的、無自覚的な行動

・「これやっておいて」と指示が曖昧なまま丸投げをしておいて、後から細かい注文をつけてくる
・トイレの帰りなど、突然、席に立ち寄って思い付きの指示をして、その指示を忘れられたり、指示の内容を変えられたりする
・メールの返信が遅いだけでなく、「何を言っているのかわからない」、「もっと頭を使え」という短く曖昧な返事しかこない
・報告・連絡・相談をしようにもいつも席におらず、いる時に相談にいっても話半分にしか聞いてもらえず、頭ごなしに否定し、「俺だって暇じゃないんだから、もっと考えろ!」と他の同僚に聞こえるように声を荒げられる

・こっちの忙しい状況を汲み取り、先読みして動けるようになれるように、返事はできるだけ簡潔にして返すようにし、指示待ちの状態にならないようにする
・報告・連絡・相談は徹底するように指導する

図4-5 対立ループダイアグラム(記入例)

**2. 反応的思考や感情
(不満、非難、見下し等の負の気持ち)**

・「注文つけるんだったら先に言ってくれ!」
・「また、思い付きの指示をしやがって!」
・「仕事を丸投げしておいて、
頭を使えと言われても困る!」
・「暇じゃないのは、あんただけじゃない!」
・「この人には何を言っても無駄だ」

3. 言い訳、自己正当化の声

・「だって、指示が適当すぎるんだもん!」
・「だって、いっつも朝令暮改なんだもん!」
・「だって、メールの内容が不明確なんだもん!」
・「だって、いつも席にいないんだもん!」

4. 是正措置行動、回避、改善行為

・後になって、やり直しの指示をされないように、
事前に細かな指示を仰ぐ
・思い付きの指示をされないように、
用事がなければ声をかけられないようにする
・メールの返事を早くしてもらえるようにリマインドする
・必要以上の報告・連絡・相談はしない

**7. 是正措置行動、
回避、改善行為**

・自分の頭で考える訓練に
なるように、わざと曖昧な
指示をする
・向こうから声をかけてこな
いので、時間の合間を
縫ってでも声をかけるよう
にする

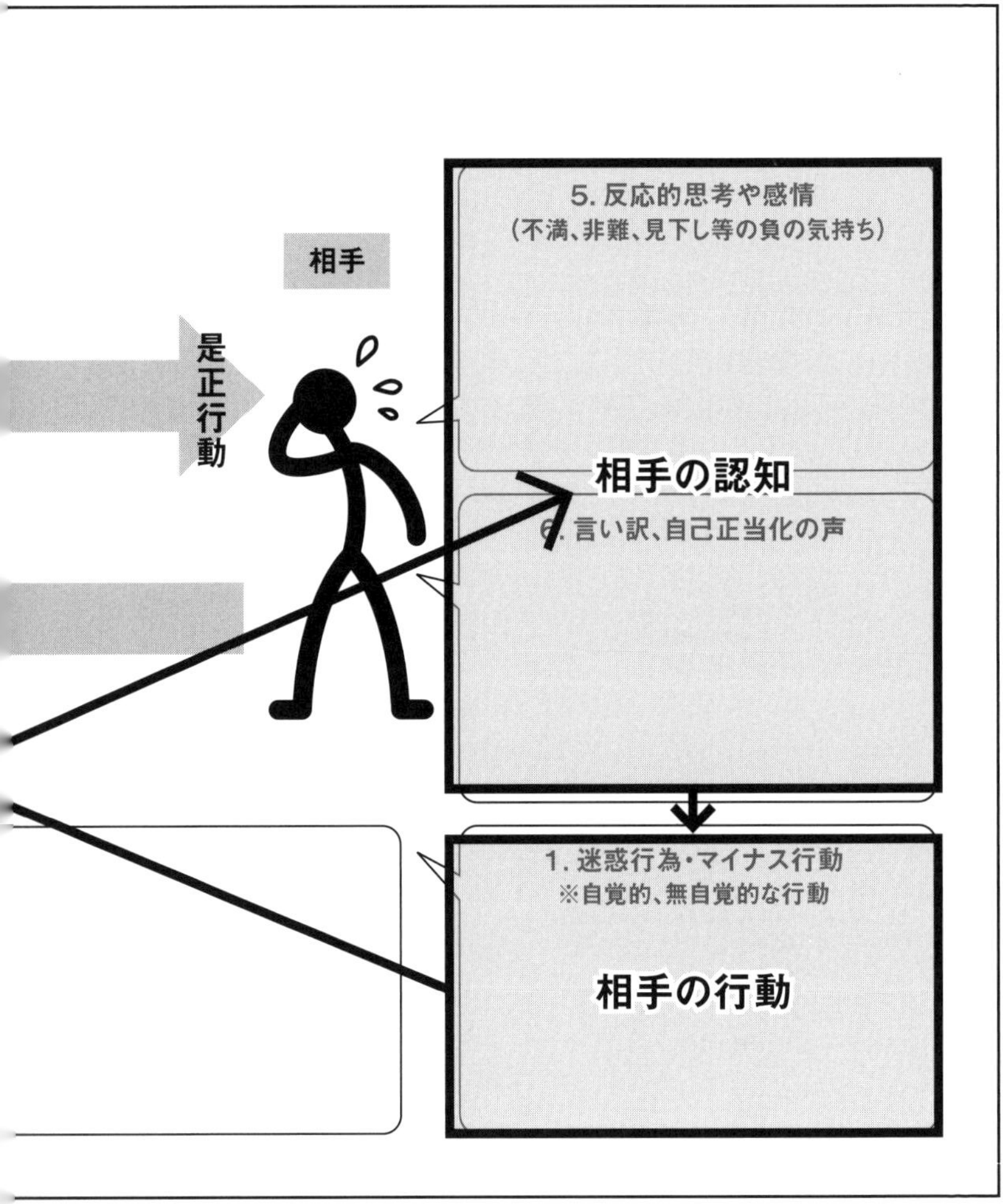

5. 反応的思考や感情
（不満、非難、見下し等の負の気持ち）
相手
是正行動
相手の認知
6. 言い訳、自己正当化の声
1. 迷惑行為・マイナス行動
※自覚的、無自覚的な行動
相手の行動

図4-6 対立ループダイアグラムと認知と行動のループの関係

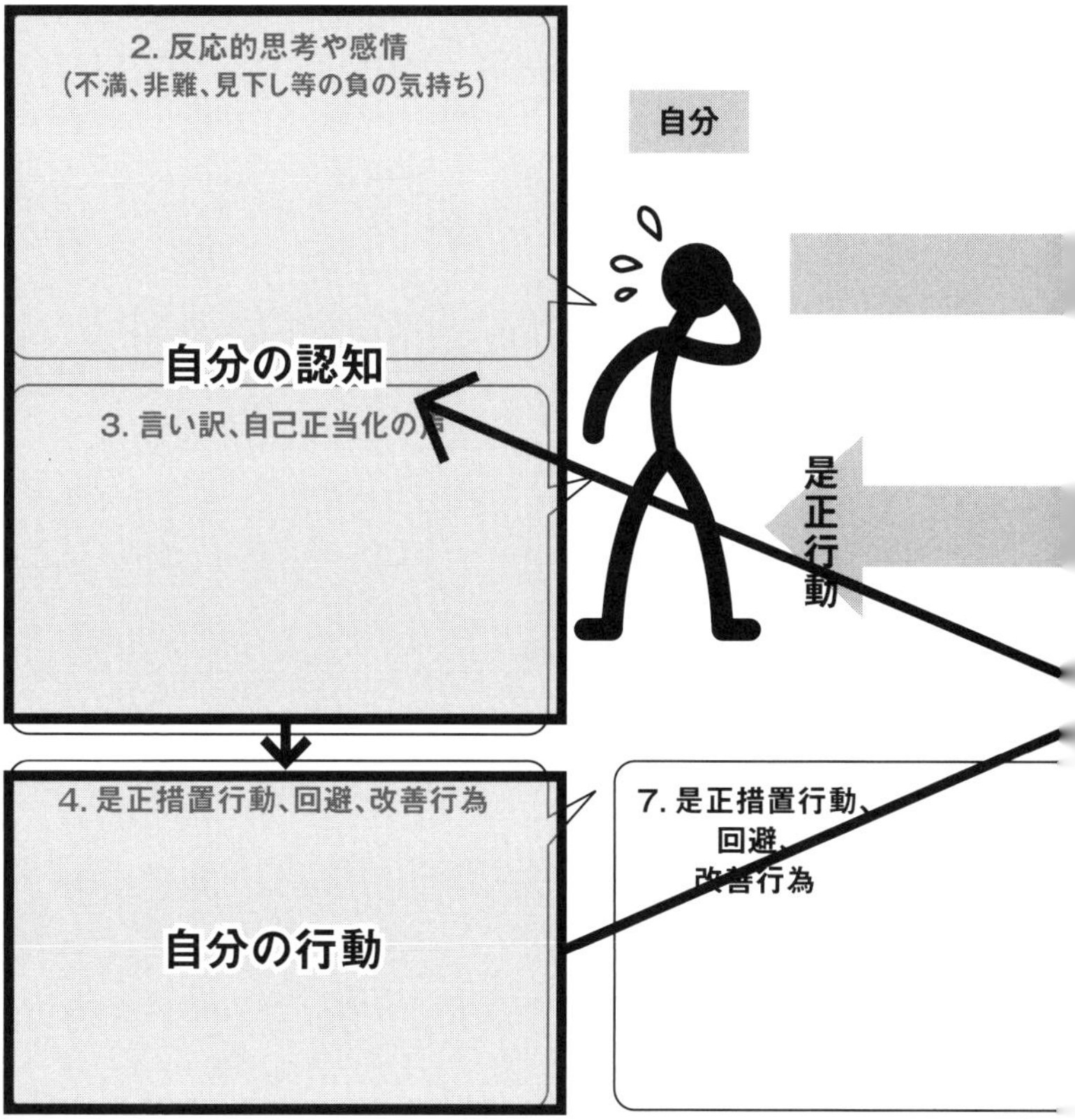
2. 反応的思考や感情
(不満、非難、見下し等の負の気持ち)
自分
自分の認知
3. 言い訳、自己正当化の声
是正行動
4. 是正措置行動、回避、改善行為
7. 是正措置行動、
回避、
改善行為
自分の行動

⇩相手の認知から自分の行動が見えると　レベル3感じ取《センシング》るに到達する

対立ループダイアグラムのワークに取り組み、すでに気づいたかもしれませんが、このワークシートで取り組んだことそのものが図4－6の通り、「認知と行動のループ」にあたります。

ワークでは、立場の置き換えを行うことにより、「相手の認知」を擬似的に体験し、ループが回っていることを実感できるようになっています。

実際には、相手には見えていて自分には見えていない「自分の行動」があるため、「4．是正措置行動、回避、改善行為」に記述される内容は不十分になりがちです。しかし、「相手の認知」を擬似的に体験できるだけで、大きな効果を実感できるようになるというのがこのワークの利点です。

誰かとの関係において同じような状況が継続している時には、いつでもこのワークをご活用ください。

開かれた心にアクセスする

04

感じ取る《センシング》に到達するために

U理論で紹介されているソーシャル・フィールド、特に、レベル3感じ取る《センシング》とレベル4プレゼンシングは、体験を伴わなければ理解をするのが難しい概念です。そうした事情もあり、百聞は一見に如かずということで対立ループダイアグラムのワークに取り組んでいただきました。

対立ループダイアグラムのワークに成功すると、嘘のように相手に対するわだかまりが消え、これまで不可解でしかなかった相手の迷惑行為・マイナス行動に対して、許せる気持ちが高まった――そのように話す方もいます。

U理論が他の問題解決技法と一線を画しているのは、こうした内面の変化に着目している点にあります。たとえば、対立ループダイアグラムで扱ったような、自分が当事者となる人間関係の場合、従来であれば、わだかまりのある相手に対して積極的に話しかけてみたり、コミュニケーションスキルを駆使することで解決を図ろうとしますが、往々にして解決に至らないばかりか、より関係を悪化させてしまいかねません。

問題解決の糸口は、レベル3感《セ》じ取《ンシン》る《グ》に到達することで、相手が感じていたように、自分のことが見えるようになることです。すると、自分の中に申し訳なく思う気持ちや、時にそれだけひどいことをしてきた自分に対して、根気強く関わり続けてくれている相手に対する感謝の思いが湧き上がることがあると、U理論は示唆しています。

⇩開かれた心にアクセスすることが問題解決の糸口になる

なぜ、問題解決の糸口が「開かれた心にアクセスしている」ことにあると言えるのでしょうか?

それは、レベル3感《セ》じ取《ンシン》る《グ》に到達することで、過去の枠組みが崩壊し、物事を見る視座や肌感覚として感じ取れる幅が変わり、レベル1やレベル2まででは想像できなかった、相手のことを慮った解決策が見える、というのは前述した通りです。それに加えてそうした**心からの気持ちが相手に伝わり、相手側の心も開かれる**というのも大切なポイントです。

特に人間関係においては、相手がこちらの靴を履くかのように同じ目線に立って自分と関わってくれているのか、それとも相手が自分のことを思ってくれるように見えたとしても、それが相手自身の目線でしかないことは、瞬時に察知できることが多いものです。

相手自身の目線でしか関わってもらえていない。つまり、自分の気持ちがわかってもらえていない、汲み取られていないという感覚があれば、その人に素直に自分の気持ちを明かしたり、その人を心から信頼することに抵抗があっても不思議ではないでしょう。

人間関係上の問題には、そうした気持ちの領域が多く占めることを鑑みると、**「開かれた心にアクセスしている」状態に到達していなければ、解決するものも解決しない**というのが納得できるのではないでしょうか。

⇩ルービックキューブ型の問題を解決する方法

ルービックキューブ型のような複雑な問題の解決を図る、社内の変革を推進するといった活動や、何かしら新しい商品やサービスなどを生み出すといった状況においても、「開かれた心にアクセスする」ことは非常に重要になります。

問題が複雑であるほど、自分の既存の枠組みでは、画期的な解決策は生まれなかったり、ひとりでは解決できなかったりすることが多いものです。

複雑な問題の影響を受けている人、その解決を図ろうとする人の気持ちになってこそ、自分を大切にするように相手を大切にすることができるようになり、思考が深

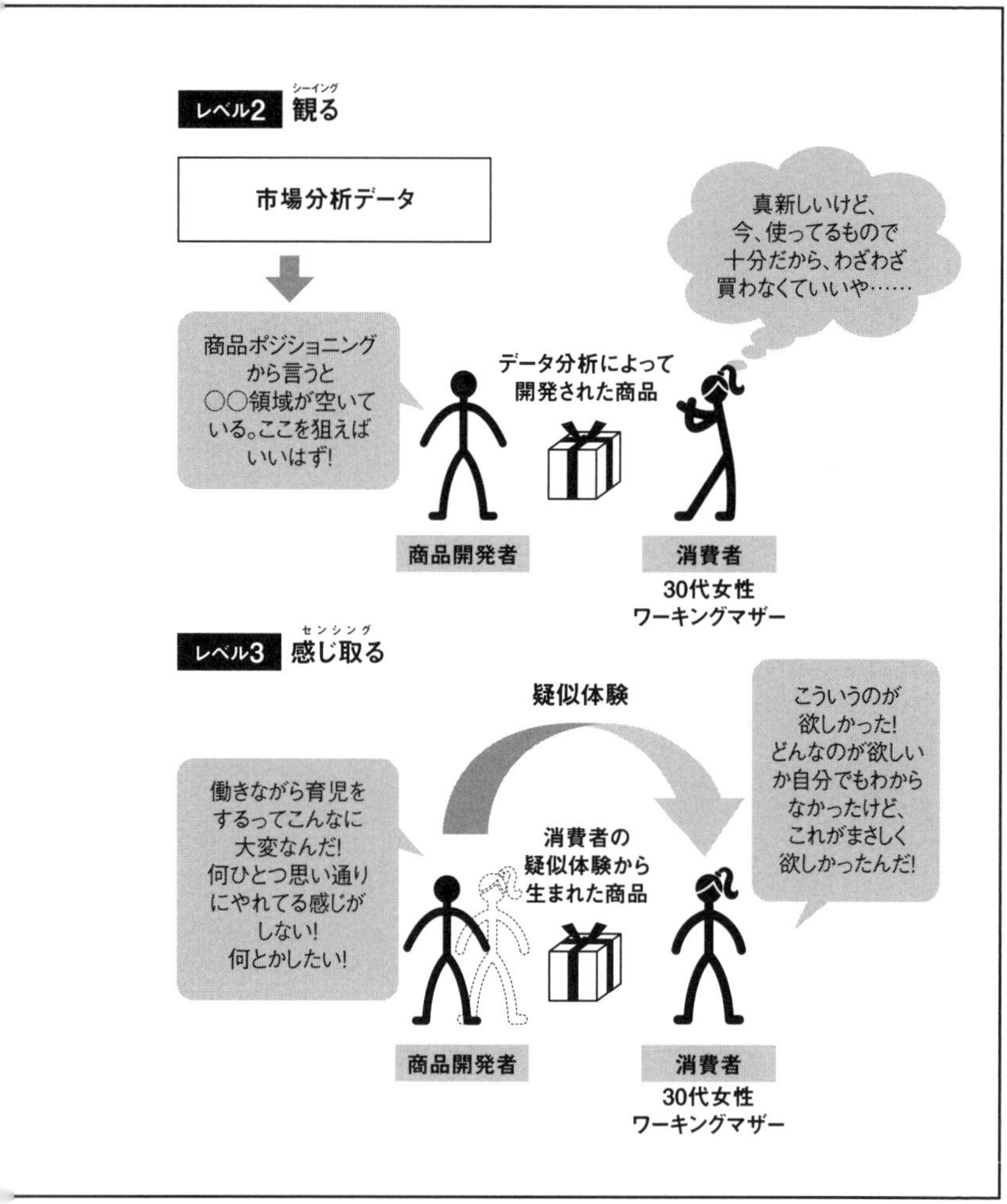

レベル2 観る《シーイング》
市場分析データ
商品ポジショニングから言うと○○領域が空いている。ここを狙えばいいはず!
データ分析によって開発された商品
真新しいけど、今、使ってるもので十分だから、わざわざ買わなくていいや……
商品開発者
消費者
30代女性ワーキングマザー
レベル3 感じ取る《センシング》
疑似体験
働きながら育児をするってこんなに大変なんだ!何ひとつ思い通りにやれてる感じがしない!何とかしたい!
消費者の疑似体験から生まれた商品
こういうのが欲しかった!どんなのが欲しいか自分でもわからなかったけど、これがまさしく欲しかったんだ!
商品開発者
消費者
30代女性ワーキングマザー

図4-7 ソーシャル・フィールドのレベルの違いから見た商品開発

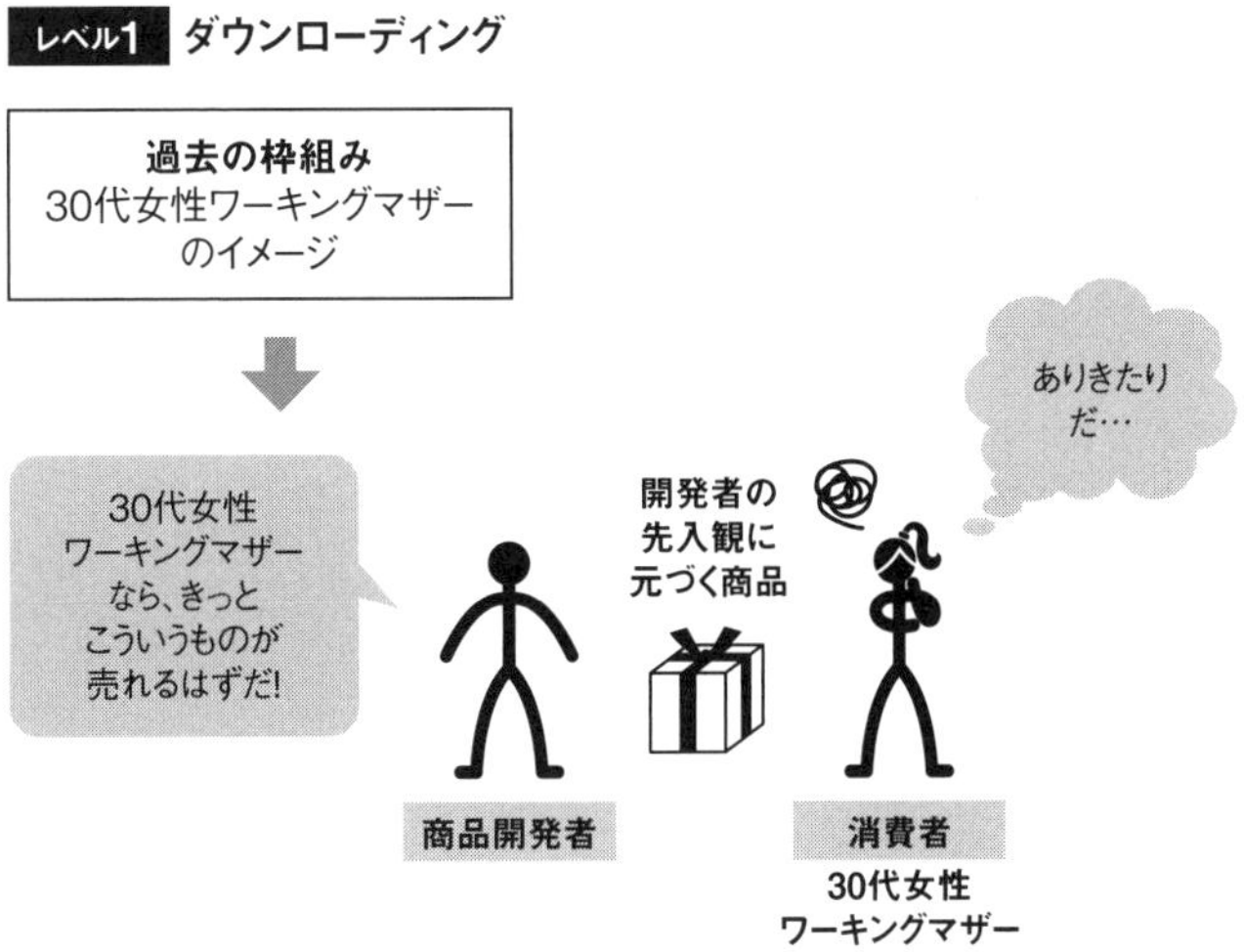
レベル1 ダウンローディング
過去の枠組み
30代女性ワーキングマザー
のイメージ
30代女性
ワーキングマザー
なら、きっと
こういうものが
売れるはずだ!
開発者の
先入観に
元づく商品
ありきたり
だ…
商品開発者
消費者
30代女性
ワーキングマザー

まっていきます。そして、周囲は、問題を解決しようとするこちら側の姿勢が、決して利己的なものではなく、相手への献身的な思いから取り組んでいると感じ、協力をしてくれるようになったりもします。

それは、社内の変革を推進する際においても同様です。

また、新しい商品やサービスを生み出す際には、その商品やサービスを使う人の気持ちになることで、ちょっとした気の利いた工夫が可能になり、使う人の共感や支持を得やすくなります。

相手の立場になることや、相手の目線に立ってみるというのは、古くから使われてきた言葉です。しかし、これまでは、単なる道徳や心がけのようにしか扱いきれていませんでした。

それに対して、U理論では、ソーシャル・フィールドという概念化によって、そこに到達するまでの再現可能な道筋を示しているという点が画期的であると言えます。

Part 5

［レベル4］

プレゼンシング１

～出現する未来への入り口～

それから数日間――
私は何度も田麦さんに声をかけようとしましたが
ぷいっ
どうしてもできずにいました…
はあ…
?
Story 5
イノベーションの種を探しに出かける
憩いのスペース 和の
遊里庵
ここ大河内さんの…

きんつば
どら焼
赤飯
豆大福
あっ
祥子さん！
せっかくだからお茶飲んでいって！
いえ、そんな…
こっちお茶ひとつ頂戴！
はーい！
さっ どうぞ

そっか
部下には
まだ…
ず
すみません…
何度も声をかけようと
思ったんですけど…
別に
謝ること
ではないよ
やろうとしても
できないのは
それだけ恐れがあると
いうことだし
プレゼンシングの
入り口に立っている
という証拠だから
ちなみに
その躊躇は相手の反応を
気にしすぎてしまうことが
原因なんじゃないかな？

人の心の奥底には
自分がナイスに
振る舞っていないと
孤立して生きていけなくなる
…という妄想が
存在しているんだ
その妄想が
生存本能を脅かし
人に嫌われることへの
恐れを誘発するんだ
嫌われたくない
人からどう見られるか
どう思われるかを
気にしていると
可能性の未来は
開かれないんだよ
確かに私は
相手の反応を
怖がっているだけ
…なんだと
思います
いずれにしても
部下との関係を
改善するための方法が
他に見つかっていないの
だとしたら
この自己開示に
賭けてみるのも
いいんじゃないかな

そして それをやるか どうかは 祥子さん 次第だけどね
ところで 大河内さんは…
どうして 店頭に立って 試食販売をして いるんですか？
社員の士気を 高めるために 自ら陣頭指揮を とっているん ですか？
ハハハ
とんでもない！
好きでやって いるんだよ！
えっ？ 好き？

昔話をしても
いいかな？
15年ほど前
僕が2代目として
お店を継いだとき
俺が社長をやるからには戦略的合理的に経営をやろう
材料は一円でも安いところから仕入れるから
えぇっ
みんなウチとは長い付き合いの会社ですよ!?
いいから取引先を変えなさい
これからは洋菓子もやります
ええっ!
もう和菓子だけでやっていける時代じゃないんです
やってられない!
結局——
人がどんどん辞めていってしまったんだね

その結果、お店は
お得意様を失い
客足は遠のき
売上は落ち
経営難に陥り
窮地に立たされ
たんだ
がら〜ん…
いよいよ終わり
かという時
人と組織の問題を
劇的に解決する
U理論入門
U理論に
出会ったんだ
そこで、僕ははじめて
周りの目玉から
自分自身を観ることが
できたんだ

自分のプライドを手放し どう思われるかの 恐れを乗り越えて 関係者に自己開示と 心からの謝罪をし
もう一度 材料を卸して ください
もう一度仕事を一緒に していただくように 頭を下げて回ったんだ
お店に 戻ってきて ください
まさに崖っぷちの状態から 周りの人たちに支えられ 助けられて復活できたんだ
きんつば
それからは昔ながらの 良さも残しつつ 新しい変化をみんなと共に 生み出し続けることが できるようになったんだよ
和菓子をつくるとは どういうことか
仲間たちと共に お客様に貢献するとは どういうことか
社員を大切にするとは どういうことか
今ならよくわかるんだ

なんてこと…
…私も同じ…現場の大切さを本当はなにもわかっていなかったんだ…
翌日、会社にて
田麦さんが私に訴えようとしていたことはこのことだったのかも…
えっ？
外回りに同行したい？
営業担当者
お願いします
ずい
じっ
か構いませんけど…
ありがとうございます
エースストア
こんにちは唐松味噌です！

別のお店
スーパーガッツ
スーパーガッツ
お世話になっています唐松味噌の…
新商品で味噌バターというのが…
忙しいから
今日は新商品の…
ああ
邪魔しないでね
こんなに人間扱いされていないなんて！
営業担当者が実績のない新商品を売り込むのを嫌うのももっともだわ
甘く見すぎてた…なんとかしなきゃ

後日
ミーティングにて
え!?
部長自らが
試食販売?
あ…
そうです!
私はあまりに
現場を知らな
過ぎました
今のままでは
施策を外し続けます
現場を体験して
何かヒントを
見出したいんです
何らかのリスクは
覚悟の上です!
このままでは
いずれ手詰まりに
なってしまいます
でもねぇ…
マーケティング
部長がやるよう
なことでも…

…うむ…
……
そこまで言うなら…
あれだけ言っても現場の大切さなんてこれっぽっちもわからなかったのに
どういう風の吹き回しだ？
試食販売当日——
FOOD MARKET
きゅっ
よろしくお願いします
新商品　味噌バター
ぷい
パンの大きさは…
トースターの使い方は…
……

新商品 味噌バタ
新発売の味噌バターです
美味しいですよ
試してください
ど、どうぞ〜
1時間後——
スルーーー
お客さん来ませんねぇ
ぐっ
……
そうだ！
久米さん!?
新商品
ター
だっ

お惣菜コーナー
おにぎりをどうするつもりだ?
これを使いましょう
塩おにぎり
入店証
ペタ
ペタ
あっ 味噌おにぎり
の…バター風味か
なるほど考えたな
ジジ――…
焼けるにおい
たまらない~
おお…!

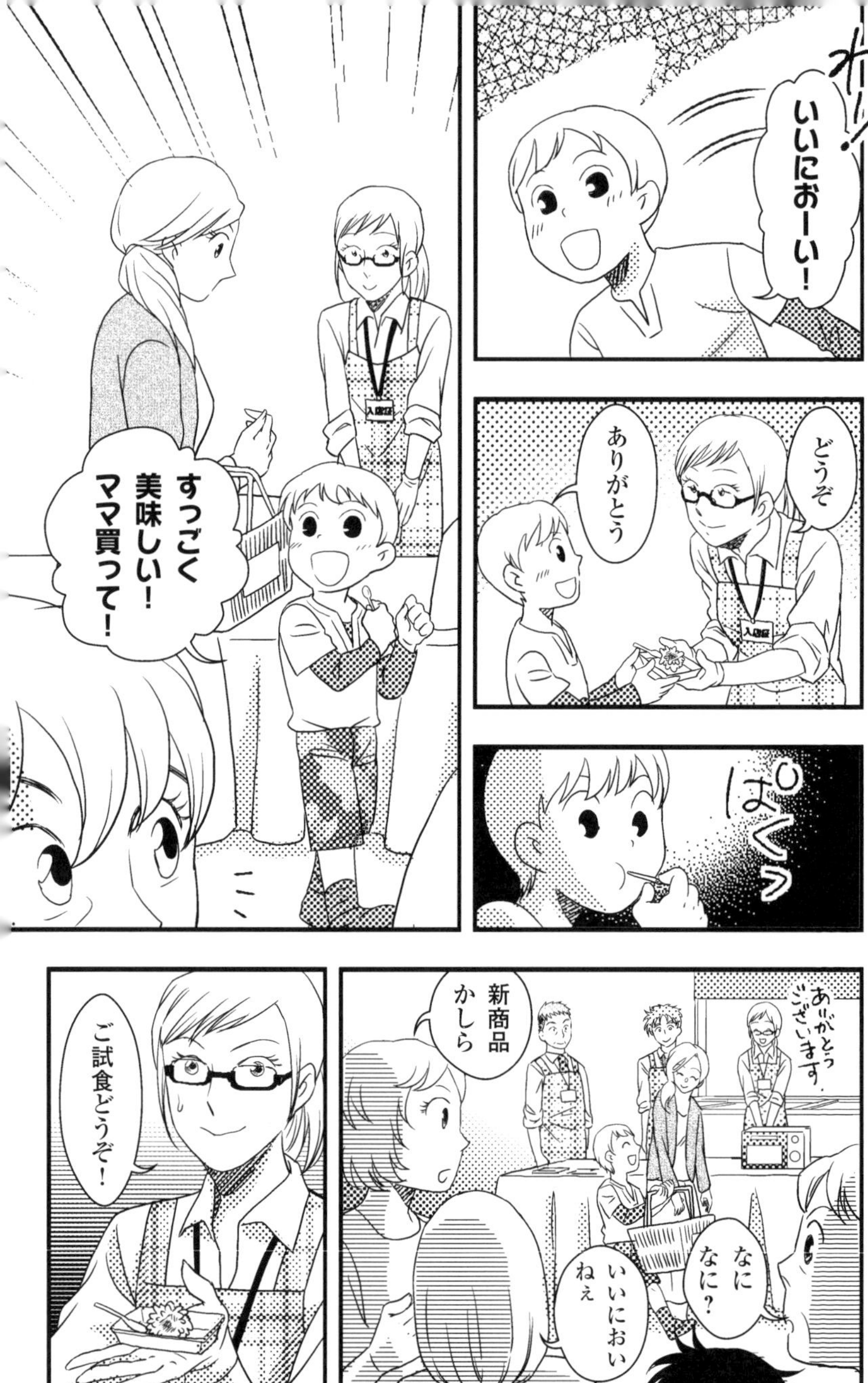
わ～!!
いいにおーい!
どうぞ
ありがとう
ぱくっ
すっごく美味しい!ママ買って!
ありがとうございます
新商品かしら
なになに?
いいにおいねぇ
ご試食どうぞ!

お米に合うでしょ
あら美味しいわ
まーいいにおい
おいしー!
おやつにもピッタリですよ
ひとつちょうだい
はい!
味噌バターこっちもひとつ
入店証
ワイワイ
がやがや
FOOD MARKET
おつかれさん!

味噌バター
反応いいいね！
いくつかうちに
置かせてもらうよ
ありがとう
ございます!!
ス…

乾杯！
久米さんの画期的なアイデアで味噌バターの新しい販売の切り口が見えましたね！
プハッ
い、いえ そんな…
久米さん さぁ
ドン
俺はずっとあなたに聞いてみたいことがあったんだ
久米さんみたいなエリートが
どうしてこんな中堅の会社に来たんです？

ちょっと先輩…
いいんです
…とても個人的なことなのですが…
小学生の時に亡くした父が
味噌は絶対に唐松味噌のだと言っていたんです
母がいない時にだけつくってくれた味噌おにぎりがとっても好きでした
この会社の味噌には父との思い出が詰まっているんです
味噌
だから転職のお話をいただいた時も迷いませんでした

ガヤガヤ
らっしゃせっ
ビールでーす
……
俺は…本当は売れるかわからないような新商品なんて
担ぐつもりなんてさらさらなかったんだが
久米さんのために売ってやるよ！
俺もやります！
ありがとう…ございます…

出現する未来への入り口

01

プレゼンシングに移行するために

レベル3感じ取る《センシング》に到達した後は、未来が出現するポイントとなるレベル4プレゼンシングへと突入していきます。

レベル1ダウンローディングから、レベル2観る《シーイング》へと移行するうえで、習慣的な思考を保留することが求められ、レベル2観る《シーイング》からレベル3感じ取る《センシング》へと移行するうえで、過去の枠組みが崩壊し、認知の限界を超えることが求められるように、レベル3感じ取る《センシング》からレベル4プレゼンシングへと移行するうえでも求められるものがあります。

それは、**自己同一視から生まれる何かしらに対する執着を手放す**ことです。

自己同一視とは何か？

私たちは普段、気づいているかどうかに関わらず、何かしらを自己同一視しています。自己同一視というのは、読んで字のごとく、何かを「自分」と同じものとして扱うということです。

自己同一視しているかどうかは、その対象が失われたり、損なわれたりした時、自分のことのように痛みがあるかどうかでわかります。

わかりやすい例で言えば、子どもをもつ親は、一般的に、肉体としては別のものである自分の子どもを自己同一視しているケースが多いでしょう。だからこそ、子どもが怪我をしたり、病気をしたりすると、いてもたってもいられなくなったり、勉強をしない子どもの将来を必要以上に憂いたりするのです。

また、モノに対しても自己同一視することもあります。「愛車」という言葉がある通り、自分が所有している車に対して自己同一視している人は、鉄の塊であるはずの車というモノに対して、傷がつくだけで慌てふためいたり、ショックを受けたりします。一方、自分の所有物ではない、路上に停まっている見知らぬ人の車に傷がついたとしても、まずショックを受けることはないでしょう。車というモノに傷がついているという事実は変わりませんが、自分が所有しているかしていないかで、感じ方に差が生じていることになります。

もちろん、自分が所有する車であったとしても、自己同一視していない人にとっては、車に傷がついたとしても、「あ、傷がついた。あとで直さなきゃ」くらいにしか思わないでしょう。

こうした自己同一視化は、目に見える物質に対してだけでなく、目に見えない自分自身の意見や観念などに対しても行われます。

たとえば、「プライドが傷つく」というのは、そのひとつです。プライドは目に見えるものではなく、頭の中で生まれるものに過ぎませんが、自分がもつセルフイメージにまつわる観念の何かが軽く扱われると、プライドが傷つくことになります。

また、自分の主張や意見が否定された時に、自分が否定されたような気分になるのも、その意見を自己同一視していることの表れです。

⇩手放す恐怖を乗り越える

こうした自己同一視自体は、人間のもつ自然なメカニズムですが、これが生存本能と結びついた時、執着となります。

こうした生存本能は、人間のエゴそのものと言えますが、シャーマー博士が見出したのは、**そのエゴを超えることができた時、すなわち、執着を手放すことができた時、プレゼンシングに到達し、未来が出現する**というものでした。

そのことから、手放すことの重要性をシャーマー博士は強調していますが、その手放すプロセスにおいては、時に明確な怖れを体験することが多いと指摘しています。

自己同一視化が深ければ深いほど、生存本能を刺激されやすくなるため、自己同一視化している状態から離れること自体に恐れを感じることは少なくありません。「ああなったらどうしよう」、「こうなったらどうしよう」と、田麦に自己開示をすることを躊躇った祥子のように、様々な予測が頭を駆けめぐることもあります。

そして、そうした恐れを一歩乗り越えて前進した時に、プレゼンシングに到達し、「開かれた意志」にアクセスすることができるようになり、イノベーションの種となる未来が出現するのです。

対立ループダイアグラムのワークのステップ11（175ページ）で、ワークシートを元にわだかまりのある相手と対話をするという指示がありました

そっそんな
もしそんなことを
したら…！
部下は驚くだろうし
突然何をいい出すんだと
きっと引いちゃいます
それでなくても
信頼されていないのに
余計に孤立しちゃいますよ！

プレゼンシングに到達する直前に最後の関門として恐れの壁が立ちはだかる。
恐れによる様々な予測を乗り越え一歩踏み出すと、開かれた意志にアクセスし未来が出現する。

が、ここにその本質的な意義があります。ワークをひとりでやるだけでも、レベル3感じ取る《センシング》に到達するので、効果はあります。しかし、恐れを乗り越えて自己開示をすることで、「開かれた意志」にアクセスし、全く新しい展開を迎えるという、違う次元の変化が生まれ始めるのです。

シャーマー博士は、そうした恐れを乗り越えていくことそのものが、過去の延長線上にはない何かを可能にするリーダーシップと深い関係があることを示すうえで、Leadership の語源を引用しながら、次のように紹介しています。

lead や leadership の語源であるインド・ヨーロッパ語の、leith は、「出発する」、「出発点（敷居）を超える」、または「死ぬ」という意味だ。時に、何かを手放すということは「死ぬ」ように感じることもある。しかし我々がUの深いプロセスから学んだことは、何かが変わらなければ、つまり、敷居を越えなければ、新しいものは出てこられないということだった。

（『U理論』オットー・シャーマー著、中土井僚、由佐美加子訳、英治出版、2010年、157ページ）

勇気は、「死ぬ」ことを望むことから生まれる。あえて虚空に一歩を踏み出して初めて姿を現す未知の領域へと進もうとすること。それがリーダーシップの本質だ。

（『U理論』オットー・シャーマー著、中土井僚、由佐美加子訳、英治出版、2010年、496ページ）

レベル3感じ取る《センシング》に到達した時点で、これまで見えていなかったことが見えるようになり、これまでの慣れ親しんだ自分の物事の捉え方と、相手の靴を履き、相手の気持ちがわかるようになった自分の捉え方との間に葛藤が生じるようになります。わかりやすい表現で言えば、自分の都合と相手の都合の狭間で板挟みになるのです。

そうした葛藤を手放して、乗り越えた時、意図やビジョンを静寂の中から迎え入れ、想像すらしなかった新しい展開が生まれるようになります。

図5-1 プレゼンシングの入り口と出口

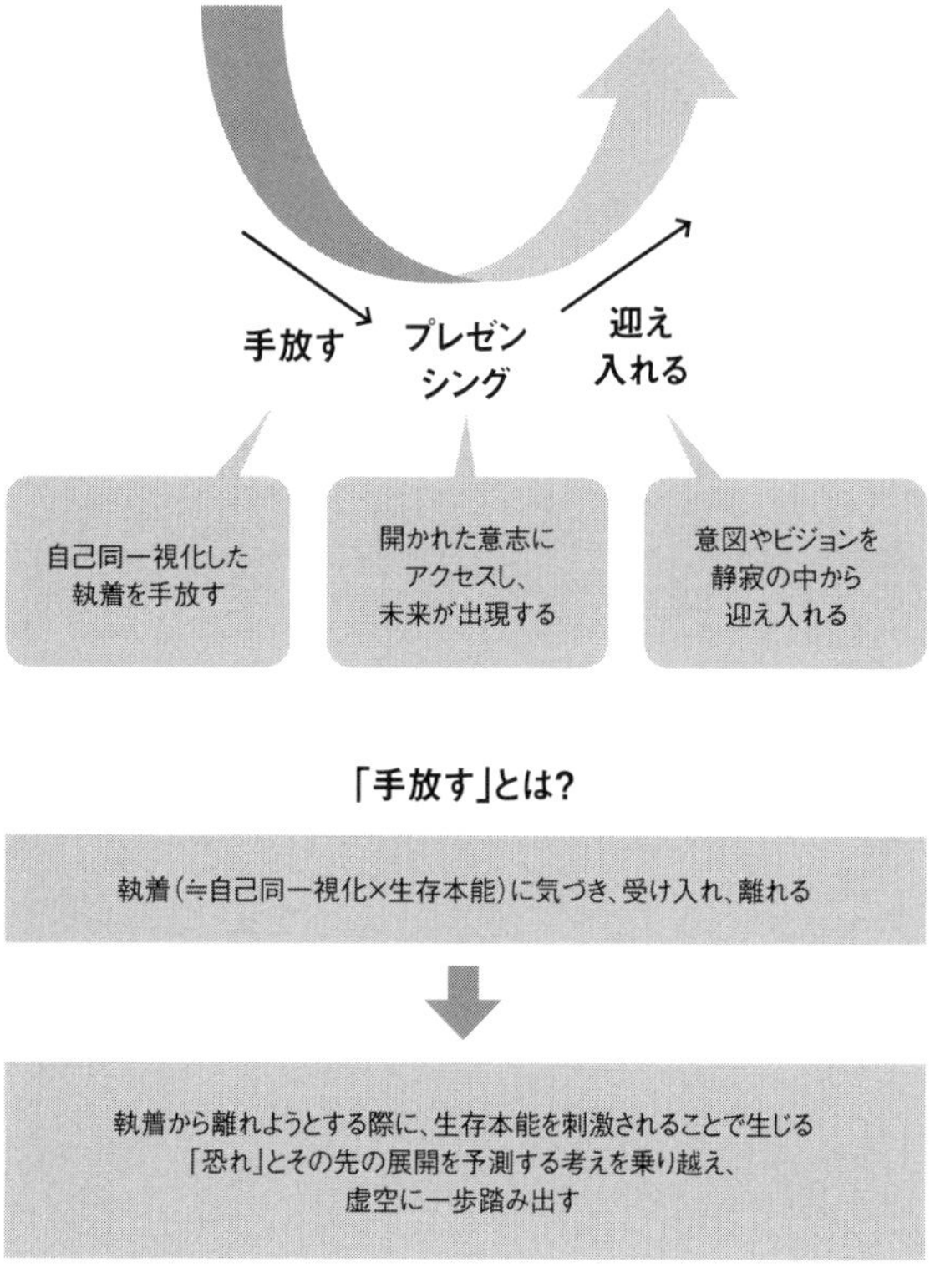
手放す
プレゼンシング
迎え入れる
自己同一視化した執着を手放す
開かれた意志にアクセスし、未来が出現する
意図やビジョンを静寂の中から迎え入れる
「手放す」とは?
執着(≒自己同一視化×生存本能)に気づき、受け入れ、離れる
執着から離れようとする際に、生存本能を刺激されることで生じる「恐れ」とその先の展開を予測する考えを乗り越え、虚空に一歩踏み出す

計画通りには実行できないUプロセス 02

U理論の実践に向けて

U理論にはダウンローディングをはじめとした特殊な用語がたくさん登場しました。ここまで読み、その一つひとつの理解が進んだとしても、「結局のところU理論は何をどう順序立てていけば実行できるんだ?」という疑問が残るかもしれません。

U理論を理解するうえでの最大のチャレンジは、「設定した目標に向かって一直線に向かっていくことが成果を生み出すための鉄則である」という、私たちの慣れ親しんだパラダイムを覆さなければならないところにあります。

仕事の多くの場面では、目標を立て、それに向かって計画をつくり、実行に移してはその結果を分析し、やり方を変えたり、時には計画を見直したりすることが奨励されています。計画や段取りをせず、思いつきで何かに取りかかることはムダそのものであり、ビジネスシーンにおいては、ご法度とされることもあるでしょう。

そのような慣れ親しんだパラダイムから捉えようとすると、U理論の一つひとつの過程がステップとして表現されていることもあり、事前に順序立てて取り組めるように思われがちです。しかし、そうした従来のパラダイムのまま、U理論を「計画的に」行おうとすると、結局何ひとつ形にならないまま終わってしまいます。

そこには**イノベーションの本質**とも呼べる、U理論の特性そのものに関する大切な着眼点が隠されています。

⇩PDCAサイクルとUプロセス

シャーマー博士は、**PDCAサイクルで代表される「過去からの学習」と、Uプロセスで表現しようとしている「出現する未来からの学習」**の違いを明確にするために対比させて表現しています。そのせいもあり、一見、PDCAサイクルを否定しているようにも見えますが、実際はそうではありません。

これは便宜上の対比であって、PDCAサイクルとUプロセスの二者択一なのではなく、着眼点の違いを述べているにすぎないのです。

その着眼点の違いのひとつが、これまで述べてきた、**行為者の「あり方」**に関する部分です。PDCAサイクルでは、行為者が計画に基づいて実行した結果に対して、評価することによって、やり方や計画を見直すことを推奨しているものの、行為者の「あり方」そのものがパフォーマンスに影響を与えるということには言及していません。

また、この「あり方」以外にも大きな着眼点の違いが存在しています。それは、**「計画」の生み出され方**にあります。ＰＤＣＡサイクルは、計画を立てた後の見直しには言及していますが、計画そのものがそもそもどのように生み出されるべきなのかについては言及していません。

つまり、**「そもそも、どんな計画を立ててよいのかわからない」という状況においては、ＰＤＣＡサイクルを回しようがない**のです。

ルービックキューブ型のような複雑な問題の厄介なところは、問題の症状は見えていても、問題の本質が何かがわからず、それ故にゴールも設定できなければ、解決策も見えない。もしくは、ゴールや解決策が、的を外し続けることが多いことにあります。

⇩イノベーションとＰＤＣＡ

価値観の多様化、少子高齢化による人口減少、ＩＴをはじめとするテクノロジーの進化、グローバル化、気候変動などといった激しい変化にさらされ、複雑性の高い現代のビジネス環境は、「答えの見えない時代」と言われます。それ故に、そこかしこでイノベーションの必要性が訴えられています。

「答えがないからイノベーションを」という因果関係から見てみても、そもそもイノベーションは計画を立てづらいものであるということがわかります。

つまり、そもそも、**イノベーションにおいては、PDCAサイクルを回そうにも、回し始めることが難しい**ということを意味しています。

無理をして実現の根拠もない目標や計画を立て、PDCAサイクルを回そうとしても、評価（CHECK）や処置・改善（ACTION）のところで答えが見えず、行き詰ってしまうことになるでしょう。

そうした答えが見えないところに道筋を見出そうとしているのが、Uプロセスであり、「出現する未来から学習する」と表現される所以でもあります。

答えが見えず、計画を立てられない以上、試行錯誤は余儀なくされます。つまり、最終的に問われるのは、**試行錯誤の質をいかに高めるのか**になります。

「溺れる者は藁をもつかむ」という諺があります。つかんだ藁が、単なるゴミではなく、可能性の未来につながるヒントになり得るとしたら、「無数のゴミの中から、どうしたらそれをつかめるのか？」という疑問に答えようとしているのがUプロセスです。

試行錯誤のプロセスが続き、ある時その過程を通して計画になり得る何かが出現したら、そこではじめてPDCAサイクルを回すことができるようになります。もちろん、変化がとてつもなく激しい時には、PDCAサイクルに移行する間もなく、Uプロセスをやり続けなければいけないケースもありますが、基本的には、**プレゼンシングの状態から何かが立ち現れ、計画が定まったところで、PDCAサイクルに移行**されていきます。

Uプロセス自体が、試行錯誤を通して、答えが見えないところに、道筋を見出そうとしている。すなわち、溺れている最中に、なんとかして質のいい藁をつかもうとしていることから、これを事前に順序立てて取り組もうとすることには無理があるということがおわかりいただけるかと思います。

⇩Uプロセスを多層的に展開する

事前に順序立てて取り組めるのではないのだとしたら、どうすればPDCAサイクルを回せる状態、すなわち計画を立てられるところまでたどり着けるのだろうかという疑問が残ります。

その答えは、**「Uプロセスを何度も、何度もやり続けること」**になります。

Uプロセスは一度で終わるプロセスなのではなく、図5－2のように小さなUを何度も潜りながら、徐々に大きくUプロセスをたどっていくことになります。もう少し平たく表現すると、どの瞬間も、ソーシャル・フィールドが耕される、すなわち深いレベルになるように取り組み続けることで、大きくUプロセスを進められるようになるということです。

ソーシャル・フィールドは、その瞬間、その瞬間の意識状態で、常にどこかのレベルにいると、70ページで紹介しました。つまり、どの瞬間もどこかのレベルにいるのであれば、レベル3やレベル4の状態にいる割合が大きくなればなるほど、未来はより出現しやすくなり、イノベーションが生まれやすくなるということになります。

物語の中において、祥子も何度も小さくUプロセスをたどり、やがて大きなイノベーションを成し遂げていく様子が描かれています。

図5-2 多層的に展開するUプロセス

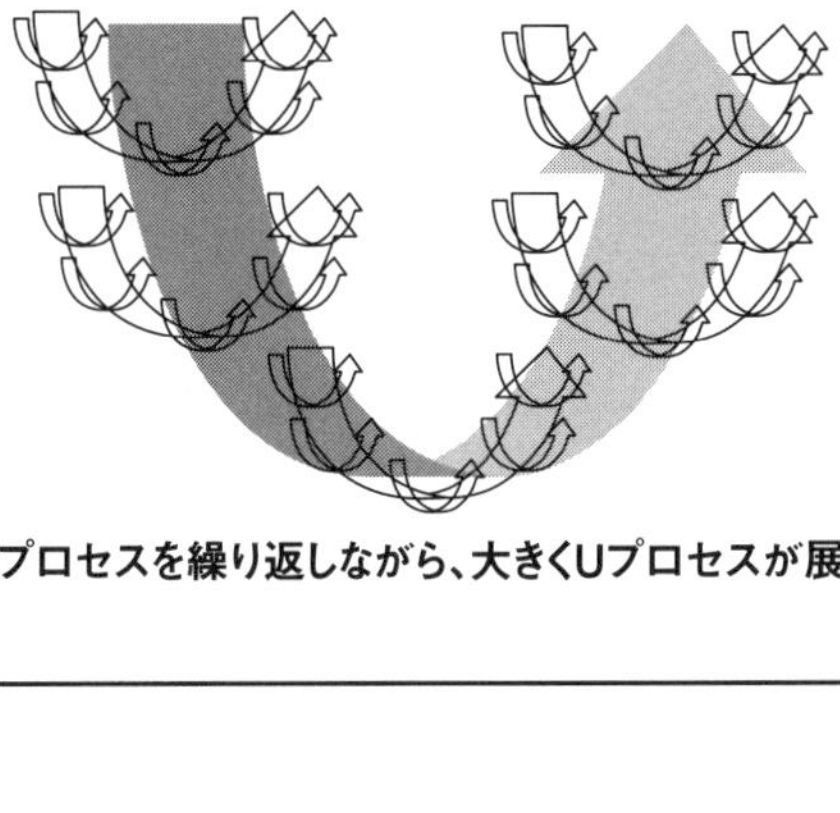

小さなUプロセスを繰り返しながら、大きくUプロセスが展開される

⇩

レベル2「観る《シーイング》」への移行

・転職サイトで自分の悪口が書かれているのを見た瞬間（19ページ）
・自分の表情を含めた行動そのものが見えていないという解説を受けている時に、「生まれてこのかた、ムッとしたり、イライラした表情を見たことがないということですか⁉」と気がついた瞬間（41ページ）
・ダウンローディングの解説の際に、大河内から儲け話として金融商品の話をもちかけられ、「新手の振り込み詐欺じゃないか」と疑っていたところで、大河内から「今、私のことを詐欺師か何かだと思って、この場を早く切り上げようと思ってなかった？」と告げられ、ドキッとした瞬間（76ページ）
・粕谷との話し合いの中で保留に成功した瞬間（86ページ）

⇩

レベル3「感じ取る《センシング》」への移行

・ダウンローディングの解説の際に自分が昔の上司と同じことをしており、みんながそっぽを向いた理由がわかった瞬間（79ページ）
・コンサルタント時代はジグソーパズルのように問題を扱えていたが、今は当事者として彼らに向き合わないといけないことに気がついた瞬間（131ページ）

・大河内が社長に就任した時の失敗談を聞いて、自分も現場の大切さが本当にはわかっておらず、田麦が伝えようとしたことはこれだったのではないかという思いに至った瞬間（196ページ）

レベル3「感じ取る《センシング》」の状態に共通するのは、自分の置かれている状況が他人の目玉から見えたかのようになっていることにあります。

⇩「手放す」の瞬間

また、「手放す」瞬間も何度か登場しています。

・大河内から保留についての解説を聞き、「僕を信じて一度やってみてよ」と言われ、「わかりました。やってみます！」と決意を固めた瞬間（81ページ）
・対立ループダイアグラムが終わった後、大河内から内容を告げられる前にリクエストをやるかやらないかを決めてほしいと言われ、様々な予測が頭の中をめぐっていながらも、「はい、やります」と選択した瞬間（140ページ）
・営業担当者に協力を依頼して、外回りに同行することを決めた瞬間（196ページ）
・試食販売の現場で、おにぎりに味噌バターを塗ってみるという発想が浮かび、そ

れを行動に移すことを決めた瞬間（２００ページ）

「手放す」に共通するのは、**未来に起こり得ることに対して、気がかりや恐れがあり、うまくいくかどうかの確信がなくても、一歩前に出ることを決意しているこ**とにあります。手放した後は、必ずプレゼンシングの状態に至りますが、小さなＵを潜る時はそれは微かな感覚になります。祥子の場合も、プレゼンシングの状態は明確には描かれていませんが、それを決意した瞬間に何かしらの強い意志が生まれ、吹っ切れた感覚になっていることが想像できるでしょう。それがプレゼンシングに至った証です。

Ｐａｒｔ６以降も含め、数々の場面でソーシャル・フィールドが転換している様子が描かれているので、どんな時にどのように転換したのかぜひ探してみてください。

⇩試行錯誤が次のプロセスを呼ぶ

ここでお伝えしたいポイントは、祥子自身も何度もＵプロセスを潜っていますが、**一度ですべてがうまくいったわけではなく、試行錯誤の末に大きな展開を迎えているる**ということにあります。

大河内から保留についての解説を聞き、「わかりました。やってみます！」と決意を固めたことで、レベル４「プレゼンシング」にたどり着き、Ｕプロセスの右側のクリエイティングの一環として、保留にチャレンジするという展開を迎えます。それによって、粕谷との会話が進むという結果が生まれますが、それだけでは田麦との問題が解決せず、さらにＵを潜っていくことにチャレンジしていく様子が、それを表しています。

Ｕプロセスは、事前に順序立てて取り組めるものではありませんが、大まかなＵのカーブを描く展開をイメージしつつ、その都度、次なる打ち手のヒントを見つけ出すことはできます。

「今の自分は、Ｕプロセスのどのあたりにたどり着いているのか？」
「今の自分の状態はソーシャル・フィールドのどこに位置づけられているのか？」

を自覚しながら、

「感じ取る《センシング》に至るにはどうしたらよいのか？」
「プレゼンシングに至るために、今の時点で自分は何に腹をくくればよいのか？」

といったことを自分自身に問いかけ、答えを見出しては前進することを繰り返していく中で、可能性の未来へとつながる藁をつかむことができるようになります。

Part 6

［レベル4］
プレゼンシング2
～出現する未来から学ぶ～

私は、ただ単にこの会社が好きで一生懸命がんばっている仲間が好きなだけです

そして私も
きっとあなたに嫌な思いをさせていたんだろうと思います

翌日
会社にて
カタ カタ カタ カタ カタ カタ カタ カタ
Story6
未来を共創造するパートナーシップを築く
…よし!
た、田麦さん
お話があります
ガタ
わかりました
あれ?
意外と素直ね…
会議室
私は対立ループダイアグラムで見えたことを話しました
田麦さんがおっしゃろうとしていた現場の大切さがようやくわかってきました
にもかかわらず頭ごなしに反対して
あなたに不快な思いをさせ続けていたとしたら…

…ごめんなさい
……私が思っていたのはこの用紙に書かれていることでした
そして私もきっとあなたに嫌な思いをさせていたんだろうと思います
え…
こちらこそ申し訳ありませんでした

田麦さん…
私は、ただ単に
この会社が好きで
一生懸命
がんばっている
仲間が好きなだけです
コンサルティング会社から
ヘッドハントされてきた
久米さんに対して
誰も何も言えないのが
歯がゆかったし
自分が悪者に
なりさえすれば
丸く収まるのなら
それでもいいと
思っていましたが
本当は
つらかった

私は…
田麦さんのことを本当に何も知らなかったんだ…
…田麦さん
やっとあなたと気持ちが通じあえた感じがします
私の話を受け止めてくれてそして本当の想いを明かしてくれてありがとう
これからは一緒にこの会社を良くしていってくれますか…？
もちろんです！

ところで…
実は
あの試食販売の時
現場に行ったんです
えっ
久米さんが
一生懸命がんばっている姿に
正直心を動かされました
味噌バターおにぎりの
試食販売という
アイデアにも驚きました
何か
あったん
ですか？
実は…
私は田麦さんに
U理論のことを
紹介しました
入店証

なるほど
守りに入って
「ノープレイ、ノーエラー」に
慣れきっていて
前例主義になっている
うちの会社には
必要な考え方かも
しれませんね
コクン
それから――
私と田麦さんの関係が
良くなったことで
周囲の雰囲気も
良くなり
仕事が円滑に
進められる
ようになり
売上
企画書
次第に仕事の成果も
あらわれてきました

プレゼンシング とは 01

⇩プレゼンシングとは

いよいよソーシャル・フィールドの最終段階である、レベル4プレゼンシングの解説です。

このレベル4プレゼンシングは、Uのモデルの底にあたり、ここから未来が出現し、イノベーションが生まれると捉えられていることからも、U理論の根幹とも言えます。

シャーマー博士はプレゼンシングの状態を図6－1のように表現しています。

根幹を成すプロセスでありながらも、このプレゼンシングに対する見解は、人によって真っ二つに分かれます。

ある人は、「難解でよくわからないし、ピンとこない」と表現する一方、他方では「これはとてもよくわかる。まさに自分がこれまで体験したことが描かれていて驚いた」と表現する人もいます。

それはシンプルに、プレゼンシングの体験をしたことがあるという自覚があるか、ないかの違いと言えます。

プレゼンシングの体験は、浅いものから深いものまであります。深い体験をしている人にとっては、人生を転換させるほどの経験であり、鮮明に覚えているようです。

実際に、U理論を紹介すると、最終意思決定者としての重責を担う経営者、クライアントの心の傷を癒すなどの変容の支援を行う心理カウンセラー、今までになかったものを生み出すクリエイター、自分自身の極限のパフォーマンスを引き出すことに挑戦し続けるアスリートといった多岐にわたる職業の方々は、幾度となくプレゼンシングの体験をしているといいます。また、そうした職業の特性に関わらず、大病、大事故、災厄、突然の死別、離別、解雇などの、人生の危機を乗り越えたことがある方も、同様に、プレゼンシングの体験がある

図6-1 プレゼンシングのイメージ

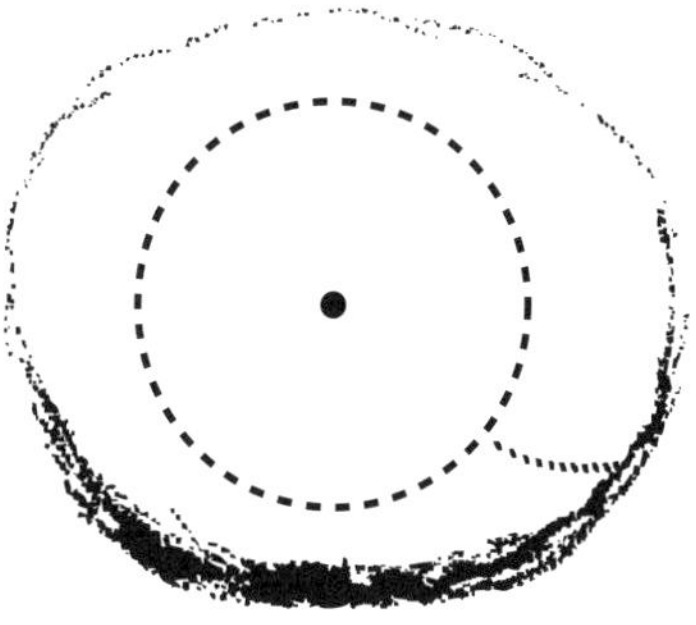

出典:『U理論』
C・オットー・シャーマー著、
中土井僚・由佐美加子訳
英治出版　P219図11-1より

といいます。

プレゼンシングの体験が浅いものから深いものまであるとして、それらに共通するものはいったい何でしょうか？

それをひと言で表すとすれば、**執着を手放した後で訪れる深い静寂と一体感**です。シャーマー博士は、プレゼンシングを体験した人の言葉として以下のような引用をしています。

「今経験していることをなんと言っていいのか分からない。私の存在そのものがスローモーションのようだ。静かで確かなほんとうの自己になった気分だ。自分を超える大きな存在とつながっている感じがする」

（『U理論』オットー・シャーマー著、中土井僚、由佐美加子訳、英治出版、2010年、45ページ）

プレゼンシングの感覚には、それまでのプロセスの中で、自分の中で生じていた様々な思いや感情などが消え、肩の力が抜けて静かな感覚が自分の中で横たわることもあれば、ジャズにおけるグルーヴと言われる状態であったり、スポーツの観戦中に生じる、熱狂していながらも、深い一体感を味わっているなど様々なケースがあります。

⇩プレゼンシングがもたらすもの

浅い状態でも深い状態でも、プレゼンシングを経験した前と後では、自分自身の内面の状態の違いを感じます。浅い状態では、すっきりした感覚として表現されることが多く、深い状態では自分がまるで生まれ変わったかのように、つい先ほどまで思い煩っていたことが何だったのか思い出せないくらいの状態になったりもします。

いずれにしても、プレゼンシングは、何かしらに対する執着を手放した後で訪れる状態なので、プレゼンシングになろうとしてなれるわけではありません。

しかし、何かしらに対する執着を手放す際に、特にその体験が恐れを感じさせるものであればあるほど、プレゼンシングの体験はより深いものとなります。

何かに執着している時は、ある特定の物の見方にはまり込み、ある一定の気分や考えにとらわれがちです。そうした執着を手放すことで、すっきりした感覚になったり、深い静寂を感じられたりするというのは、比較的異論をはさむ余地は少ないでしょう。

⇩可能性の未来が出現する

それに加えて、プレゼンシングの状態には他に特異な性質が兼ね備えられています。

それがシャーマー博士の指摘する、**可能性の未来が出現する**というポイントです。

シャーマー博士は、このプレゼンシングの状態を、**大きな自己につながり、開かれた意志にアクセスする**と言っています。この「大きな自己」というものが、過去のパターンに縛り付けられたエゴイスティックな小さな自己では実現し得なかった、可能性の未来の源となっていると考えられています。

大きな自己とは何か、開かれた意志とは何かということについては、議論の余地を残すものであり、突き詰めると、非科学的な話に聞こえてしまうかもしれません。しかし、こうしたプレゼンシングの状態に至ることが、何かしらのインスピレーションを生み出すのに関係があるという認識をもつ人が多いのも事実です。

たとえば、最終意思決定者として、普段から答えのないところに答えを出すことを求められる経営者には、座禅をしたり、山に出かけて自然の中に身を置くことで、自分の中から湧き上がる答えを探そうとする人も多いようです。また、無から有を生み出すクリエイターも、アスリートのように自分を追い込んだ後で、散歩に出かけたり、たばこを吸いに行くなどリラックスした際に、ふと湧き上がったアイデアを捕まえるということをする人も多くいます。

これらは、頭の煮詰まった状態から一時的に解放されることで、インスピレーションが湧くということを、経験的に知っている例と言えるでしょう。

そうした多くの人たちが、経験的に行っているものを、再現可能な形でモデル化することで、その再現性をより高めようとしているだけでなく、共通言語化することで集団でもそうしたインスピレーショナルなアイデアを生み、イノベーションを生み出そうとしている点も、U理論の特徴と言えます。

02 出現する未来から学ぶ

⇩意識変容から行動変容へ

ここまで、ダウンローディングに始まり、プレゼンシングに至るまでの4つのソーシャル・フィールドについて解説を進めてきました。この4つは、Uのカーブで描かれるプロセスで見ると、左側のUの谷を潜る側、すなわち意識変容のプロセスを表しています。

Uプロセスは、そうした意識変容が生じた後、**Uの谷を昇り、具現化していく**というモデルの右側に位置する、**行動変容のプロセス**が存在しています。それがクリエイティングです。

この右側のプロセスは、いわゆる「やること」の範囲になるので、「何をどうするのか?」という手法と関係が深くなります。その意味でこの行動変容のプロセスにおいて、U理論特有の手法がいくつかは存在しているものの、世の中に存在するあらゆる方法論や手法を、Uプロセスの右側で活かすことができると言えます。

やり方は、何をどう組み合わせてもよく、随時、その状況にふさわしいやり方を生み出したり、取捨選択していくことになります。このやり方を生み出したり、取捨選択したりしていくうえでの観点にも、U理論特有のものがあります。

ここではU理論特有の行動変容の観点をご紹介したいと思います。

⇩内なる「知《ノウイング》」が現れるに任せる

Ｐａｒｔ１でも触れたとおり、U理論がイノベーション理論としてユニークなのは、出現する未来から学習するという観点を用いているところにあります。**ただ、ひたすら観察した後に、一歩下がって内省し、内なる「知《ノウイング》」が現れるに任せる**という考え方は、一般的になじみが薄く、言葉で聞いただけでは、何のことを言っているのかさっぱりわからないというのがふ

図6-2 クリエイティング

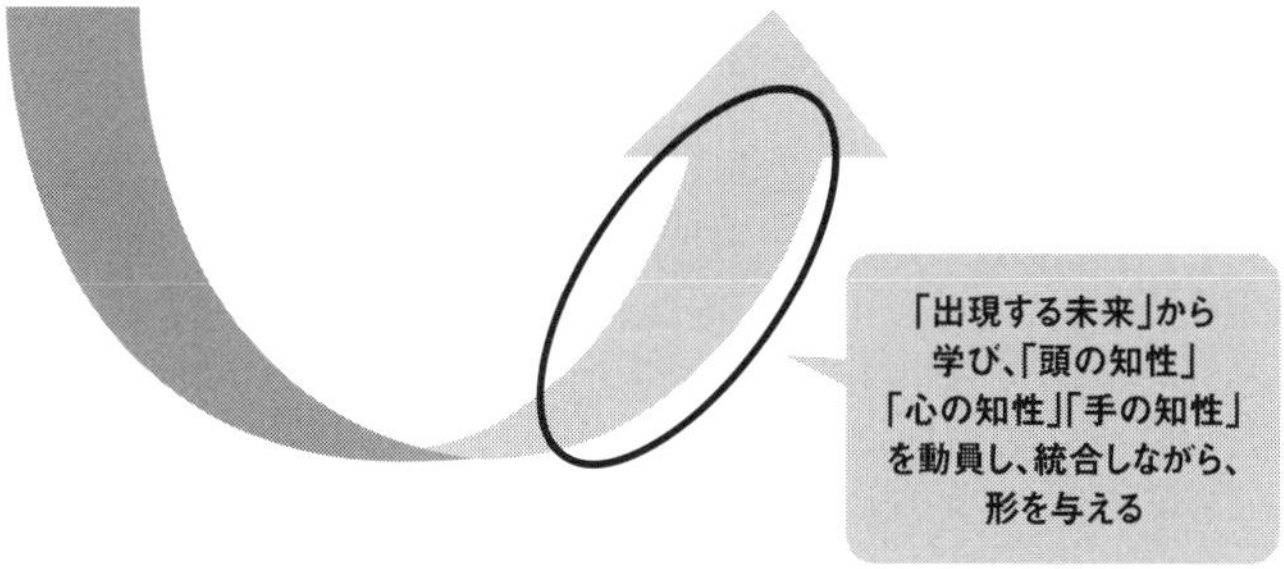
「出現する未来」から
学び、「頭の知性」
「心の知性」「手の知性」
を動員し、統合しながら、
形を与える

つうの反応ではないかと思います。

この一見、奇妙なプロセスの中に、U理論はイノベーションの本質を見出しているわけです。つまり、言葉にすると奇妙でも、これまでにはない芸術的な何かを生み出すクリエイターやアーティスト、過去の経験だけでは頼りにならないような問題に対して意思決定をくだすことが求められる経営者のような人たちにとっては、よくやっている「お馴染み」のプロセスでもあります。

彼らはインスピレーション、直感、勘という言葉を使い、それに従ったり、ゆだねたりすると言います。時には**「降りてくる」**という表現を使うこともあります。

しかし、彼らは、あてずっぽうに何でもやっているというわけではなく、**「わけもなく確信がある」**という状態になるまでひたすら自分のやり方でそれらを迎え入れようとするのです。

こうした原理を明確にしたのが、ここまで紹介してきたUの谷を潜るプロセスです。同様に、Uの谷を昇る側も彼らのやっていることを解き明かしています。多くの場合は、予め計算したことを計画通りに進めているというより、「わけもない確信」を礎にして、「なんとなくこうしたほうがいいと思う」という感覚を頼りに、**試行錯誤**を続けていきます。

シャーマー博士は、それを**「出現する未来から学ぶ」**と表現しています。生存本能によって突き動かされている、エゴイスティックな自分への執着を手放すことで、プレゼンシングの状態に至り、その静寂の空白から過去の延長線上にはなかった、全く新しい未来を迎え入れていくわけですが、それはとても感覚的なものとなります。シャーマー博士は、そのことについて、このように表現します。

新しいことはまず感情として現れ、次に、どこかに引き寄せられる漠然とした感覚として現れる。それは**なぜ**というよりは**何**という感覚だ。何かをすることに引かれる感じがするが、なぜかははっきりとはわからない。そのあと、実際に手と心の知性を働かせて、やっと頭はなぜかを理解し始める。

（『U理論』オットー・シャーマー著、中土井僚、由佐美加子訳、英治出版、2010年、270ページ）

そうした考えに基づいていることもあり、Uの谷を昇り、具現化していくというモデルの右側に位置する行動変容のプロセスでは、イメージや身体を使った取組みを推奨しています。実際に、シャーマー博士が自らリードするワークショップでは、即興劇を取り入れたものや、レゴブロックなどを使って、自分のイメージを手で表現するものも組み込まれていたりします。

そうした、目に見える具体的なやり方は、真新しいこともあり、興味を引きやすいところではあるでしょう。ただし、本質的には、プレゼンシングによって迎え入れられた**「わけもない確信」を元に、「なんとなくこうしたほうがいいと思う」感覚から試行錯誤を続ける**ことに意味を置いている点を重視してください。

図6-3 クリエイティングパートの代表的な手法

エネルギーワーク

プレゼンシングの状態に自分の内側から湧き上がってくる感覚にまかせて、直感的に手や身体を動かし、そこから生まれた作品に後から意味づけを行う。粘土を使う、利き手とは逆の手でペンを走らせ、紙の上に絵を書く等の手法がある

ソーシャル・プレゼンシングシアター

集団でのプレゼンシングの状態からエネルギーワークを行う際に活用される手法。即興的なダンスを行うように感覚的に身体を動かし、他のメンバーと絡み合いながら、ひとつの作品をつくり上げる。スローモーションでその身体を再現しながら、その動きにはどんなヒントがあるのかを意味づけし、アイデアを生み出していく

ラフプロトタイピング

エネルギーワークで得た感覚と作品からのメッセージを頼りにしつつ、向き合っている課題を解決した先の未来の姿や実現施策の全体像などを立体的な模型で作成する。模型をつくる際は、レゴ、手持ちの小物、部屋の外に落ちている木の枝等を使う

試行錯誤の質を高め、出現する未来を現実化する

03

試行錯誤の質を高めるヒント①プロトタイピング

感覚を頼りにした試行錯誤の質を高めるために、シャーマー博士が推奨していることがいくつかあります。

そのひとつは、**手の感覚を頼りにしながら、何かしら形を与えたところから、どんどん周囲のフィードバックを得る**ことです。**プロトタイピング**と呼ばれるこの試行錯誤のプロセスは、できるかぎり早い段階で形を与えて、周囲からフィードバックをもらい、そこからさらにそのアイデアに磨きをかけていきます。自分の内側から湧きあがってくる感覚がかすかなものであるほど、どうしても、自分の中でしっかりとした形になるまで、温めてしまいたくなります。しかし、それよりも、素早く形を与えてはフィードバックをしてもらうことをシャーマー博士は重視しています。

その理由は、出現する未来として与えられるインスピレーションは、必ずしもすぐに形になるとは限らないという点と深い関係があります。出現する未来から得た感覚

は、それ自体が何を意味しているのか、すぐにはわからないことが往々にしてあります。シャーマー博士は、この点について「当初の自分のアイデアに固執してはいけない。もしかしたら最初の形は、ただ自分を始動させるためのものだったかもしれないのだ。つねに世界から学び、あらゆる相互作用からアイデアを磨き、それを繰り返さなければならない」と述べています。

それにも関わらず、自分の中で生まれたアイデアを抱え込んでしまうと、どんどんと執着が増していき、アイデアを否定されることを恐れるようになってしまいます。それ自体がダウンローディングの状態なので、せっかく生まれた未来の可能性の芽は枯れてしまうことになるのです。そうした事態に陥らないためにも、執着が生まれる前に周りからフィードバックを受けることで、アイデアを進化させていくことが大切なのです。

⇩試行錯誤の質を高めるヒント②シンクロニシティ

他にも試行錯誤の質を高めるために推奨されていることがあります。

それは、**シンクロニシティ**と呼ばれる、**偶然の一致をイノベーションのプロセスに組み込む**ということです。

シンクロニシティとは、心理学者として有名なカール・G・ユングが提示した概念で、「ふたつ以上の出来事が意味のある形で偶然同時に起こり、確率以外の何かが関与しているもの」を意味しています。シンプルに言えば、偶然とは思えない引き合わせを感じることですが、シャーマー博士は、その偶然の一致がイノベーションに役立つと考えています。

シンクロニシティが本当にあるのかどうかを、論理的に証明することは不可能ですが、Uプロセスを何度もたどっていると、**「偶然とは思えないような偶然の一致」**が増えるとシャーマー博士は述べています。実際にUプロセスを実践している度合いが大きいほど、この体験をしている人は多いようです。

シンクロニシティが本当に世の中に存在するのかは横に置いておいたとして、もし、そうした偶然に意識を向けていると、ふとした瞬間にアイデアやヒントが見えてくるかもしれないと思って気軽に試してみてはいかがでしょうか。

イノベーションを過去の延長線上にはない非連続な展開の末に生まれるものと捉えてみると、偶然を味方につけるというのも大切な要素なのかもしれません。

周囲からのフィードバックや偶然の一致による大胆なアイデアを取り入れることを繰り返しながら、出現する未来を現実化していくというのが、Uの谷を昇っていくプロセスなのです。

Epilogue

リーダーシップの実現とU理論

表情や顔つきが変わったからね

毎日、お客様や仲間に何かをして差し上げたい気持ちが湧きあがってきて充実感があるんです
にこにこ
みんなで一緒に新しいものを生み出せている感覚も日々ありますし
でも、不思議なことに前よりも忙しいのに、自分らしくいられている感覚があるんですよね

Epilogue
自分らしさとリーダーシップ
憩いのスペース 和の里
遊里庵
仕事はうまくいっているみたいだね
わかりますか？
表情や顔つきが変わったからね
あの自己開示から変わったんです
プレゼンシングに到達して未来が出現したんだね

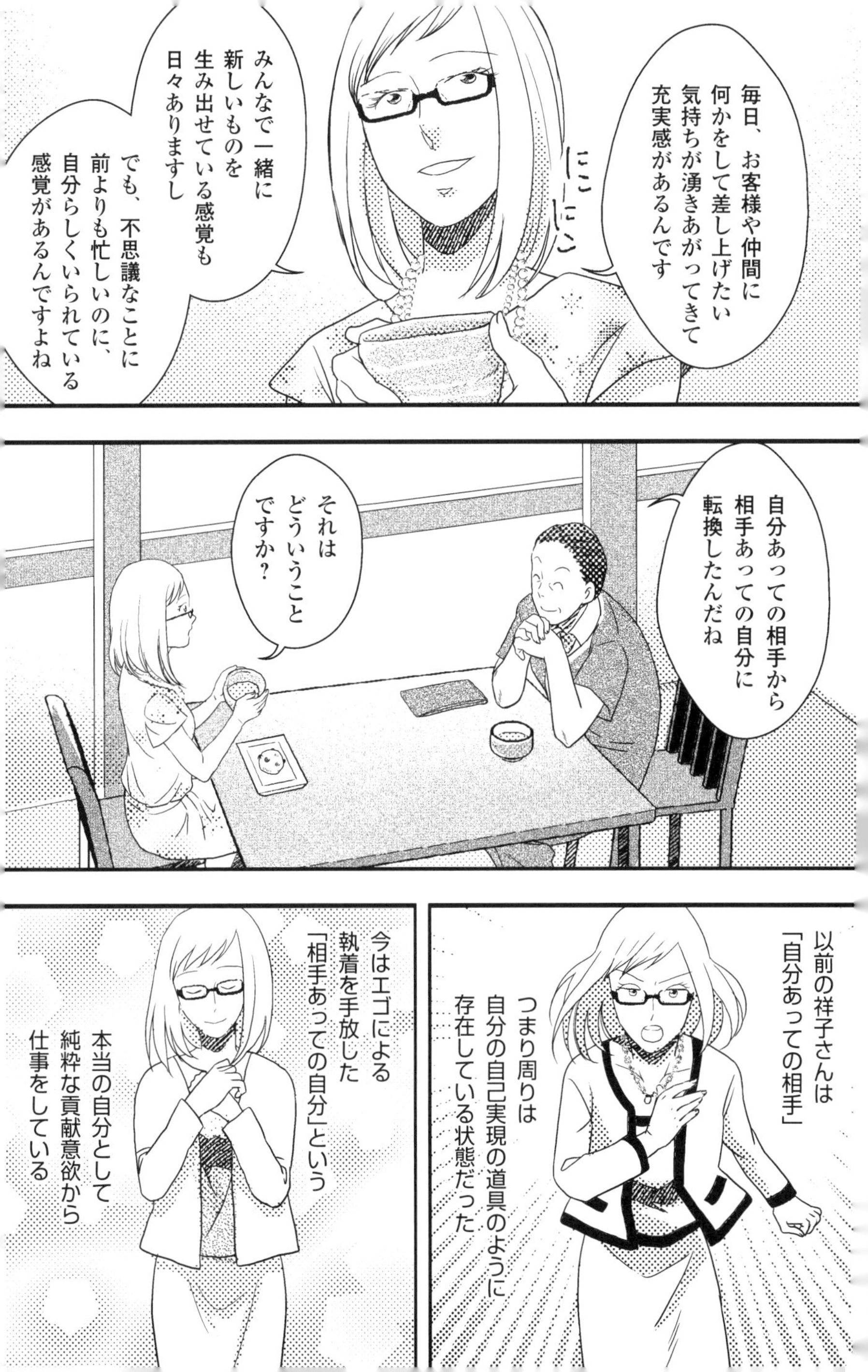
毎日、お客様や仲間に何かをして差し上げたい気持ちが湧きあがってきて充実感があるんです
にこにこ
みんなで一緒に新しいものを生み出せている感覚も日々ありますし
でも、不思議なことに前よりも忙しいのに、自分らしくいられている感覚があるんですよね
自分あっての相手から相手あっての自分に転換したんだね
それはどういうことですか？
以前の祥子さんは「自分あっての相手」
つまり周りは自分の自己実現の道具のように存在している状態だった
今はエゴによる執着を手放した「相手あっての自分」という
本当の自分として純粋な貢献意欲から仕事をしている

つまり
やり方ではなく
エゴの自分と本当の自分
どちらの自分で物事に
向き合っているのかが
肝心なんだよ
そして、それが
リーダーシップや
ハイパフォーマンスの
本質だと
U理論は
伝えているんだ
私が……
リーダーシップを？
でも、私には
リーダーという
イメージはないと
思いますよ

リーダーシップという概念は
人の上に立って
力強くみんなを引っ張るという
画一的なステレオタイプで
捉えられがちだけど…
これって
こういうこと
じゃない？
そっか！
なるほど！
言葉数は少ないが
鋭い洞察によって
明晰さを与える
リーダーシップ
ほんわ〜
何もしないで
ただそこにいるだけで
安らぎと自由さを与える
リーダーシップ
赤ん坊のように
弱さをさらけ出すことによって
チームの協力を引き出す
リーダーシップなど
わー
わー
私たちがやらないと！
協力しよう！
——と
本当はいろいろと
あるんだよ

そうなんだ…
私は私らしく
みんなを支えていけば
いいんだ

数日後――
久米さんが誘ってくれるなんてはじめてですよ
あ、この香り…
おまたせしましたー
味噌バターラーメンです！
この味噌バターもしかして…
そう！たくさん食べてね！
おおーっ！
未来共創軒
いただきまーす！

自分らしさとリーダーシップの統合と共創造（Co-Creation）の実現

01

⇩U理論がもたらすもの

ここまで、U理論の概観について、モデルに沿って順を追いながら紹介してきました。最後に、U理論によって、何が可能になるのかを取り上げます。

物語の中では、主に1対1の関係性に焦点を当てた形でUプロセスを進んでいく様子が紹介されていますが、**1対1の関係のみならず、個人、チーム、組織、社会のそれぞれのレベルにおいても、U理論は活用が可能**です。

シャーマー博士は、実際に、自身が旗振り役となって、様々な社会変革的な活動を世界中で推進しています。博士が創設者の一人として名を連ねているプレゼンシングインスティチュートは、グローバルな変革プラットフォームとして存在しており、WEBサイト上ではいくつものプロジェクトが日々、紹介されています。

（※参考　https：//www.presencing.com/）

企業での活用はもちろんのこと、食糧問題、格差による貧困の問題、環境問題、医療や教育などの幅広い分野で、U理論が活用されている事例をご覧いただくと、その応用の範囲の広さを感じていただけることでしょう。

幅広く数多くの事例が存在しているということ自体が、**U理論のもつ本質的な普遍性**の証明になると言えます。その本質的な普遍性の源が、どこから生まれてきているのかを突き詰めると、**U理論が変革を起こそうとしているその人そのものに迫っている**からと言えるでしょう。

⇩何をどうするかではなく、何者として立ち会うか

世の中には、手法や方法論といった形で「やり方」として洗練されているものはたくさんあります。しかし、ほとんどの場合、誰がそれをやるのかによって大きく結果が変わってしまったり、成果が限定づけられたりします。

U理論では、**変革の成否は、何をどうやるのかではなく、何者としてそれに立ち会うのかにかかっている**という考えに基づき、その**変革者の内面の変容**を重視します。

「他人と過去は変えられない。変えられるのは、自分と未来だけ」という変革者を戒める言葉は、世の中に溢れていますが、これまではそれらが単なるスローガンや心がけにしかなっていませんでした。そうした変革の落とし穴に対して、普遍的な

原理・原則として形式知化したことに、U理論の本質的な価値があります。

それは突き詰めていくと、その人自身が**ひとりの人間として、自分自身の人生とどう向き合うのか**、という本質的な問いへと昇華していきます。

その意味で、U理論は「答え」というより「問い」そのものであると言えます。

「自分は本当は何者なのか？　自分は何を成すためにこの世に生を受けているのか？」


Uプロセスは一度潜れば終わりというものではなく、終わりのない旅路のように何度もそのプロセスをたどっていくことになります。

シャーマー博士が言及しているように、時に、「死ぬんじゃないか」と思うくらいの恐れに直面することもありますが、それを乗り越えた時、プレゼンシングの状態に到達し、本来の自分となり、その人の本質的なリーダーとしての資質が解放されていきます。

そして、そうしたリーダーとしての拡大は、「なりようもない何か」になるのではなく、**よりその人らしく、自然体なあり方へと近づいていく**という点が非常に重要です。

⇩自分らしさとリーダーシップの統合と共創造の実現

ややもすれば、私たちはリーダーやリーダーシップという言葉を、力強いものとして捉えがちです。

しかし、人の心を動かし、周囲の力を結集していくリーダーシップは、自然体な魅力にあふれ、その人らしさを感じさせるものです。

「自分らしく生きる」という言葉は、無理をしないで生きることと同義に扱われやすいのですが、本当の意味はそれだけではありません。その人が **「自分は本当は何者なのか？　自分は何を成すためにこの世に生を受けているのか？」** という問いの答えにたどり着き、本当のその人らしさを取り戻した時、純粋な情熱と貢献意欲が芽生え、**ただひたすら「今、この瞬間」を生きようとする感覚**が高まっていきます。

本物の自分らしさから生まれる純粋な情熱と貢献意欲は、「自分あっての相手」という生き方から「相手あっての自分」という生き方への転換を生み出し、ただ誰かや何かの役に立ちたい、自分にできることをしたい、という自然な衝動へと育っていき、より自然体なあり方で周囲に肯定的な影響をもたらせるようになります。

そうした自然体な、その人らしいリーダーシップを発揮している人は、**オーセン**

ティックリーダーと呼ばれています。**オーセンティックリーダーの純粋な情熱と貢献意欲による衝動が、まるで結晶のように形づくられ、志を同じくする仲間との共創（Co-Creation）を可能にしていく。**それがU理論の指し示している可能性です。

Uプロセスの実践から始まる出現する未来から学ぶ旅路の中で、その人らしいリーダーシップが芽生え、その本領が発揮されていくことを心から願っています。

図7-1 U理論がもたらす本質的な変化と未来

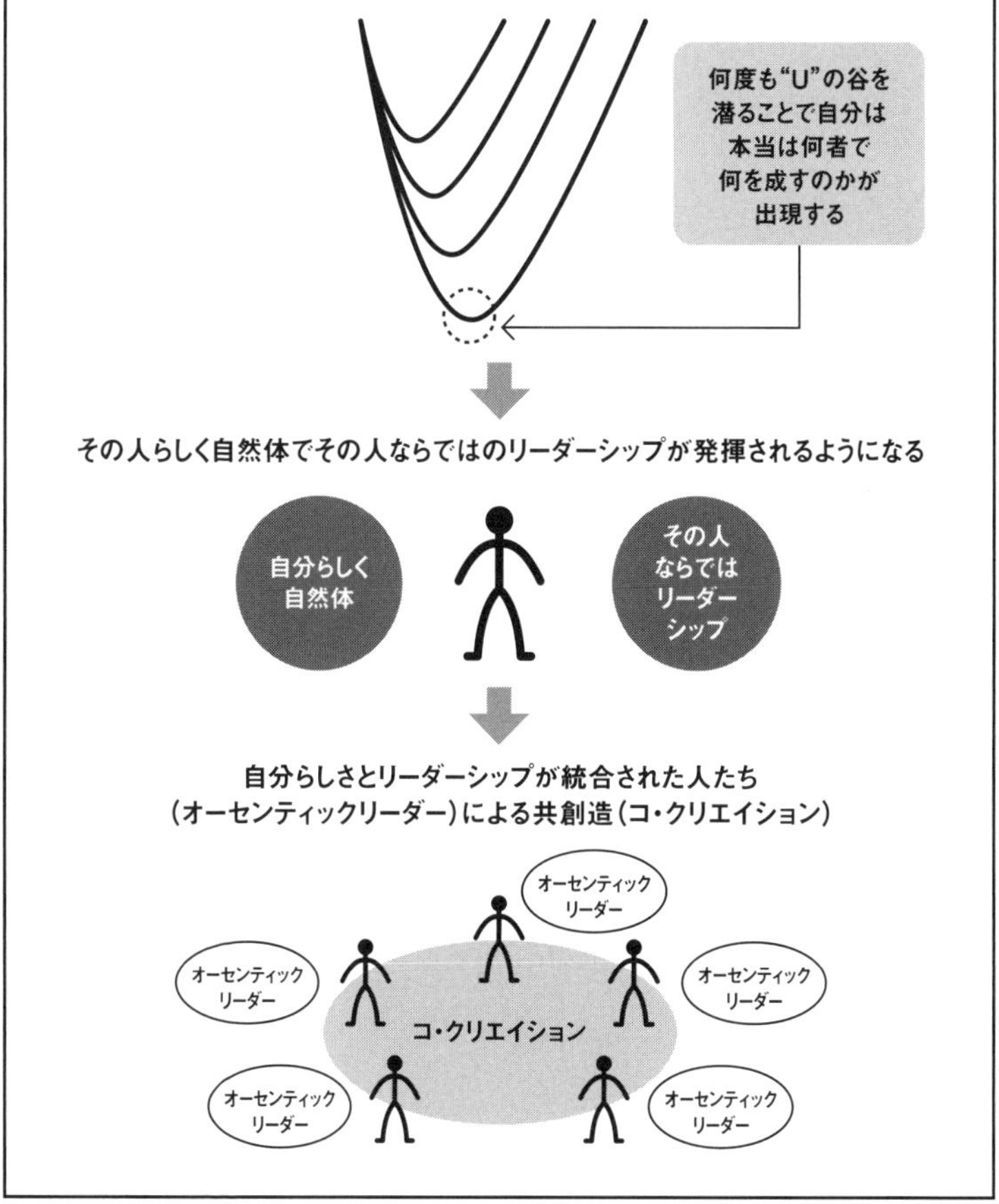
何度も"U"の谷を
潜ることで自分は
本当は何者で
何を成すのかが
出現する
その人らしく自然体でその人ならではのリーダーシップが発揮されるようになる
自分らしく
自然体
その人
ならでは
リーダー
シップ
自分らしさとリーダーシップが統合された人たち
(オーセンティックリーダー)による共創造(コ・クリエイション)
オーセンティック
リーダー
コ・クリエイション

【参考文献】

・『U理論――過去や偏見にとらわれず、本当に必要な「変化」を生み出す技術』C・オットー・シャーマー著、中土井僚、由佐美加子訳／英治出版／2010年
・『出現する未来から導く――U理論で自己と組織、社会のシステムを変革する』C・オットー・シャーマー、カトリン・カウファー著、由佐美加子、中土井僚訳／英治出版／2015年
・『人と組織の問題を劇的に解決するU理論入門』中土井僚著／PHP研究所／2014年
・『出現する未来』ピーター・M・センゲ他著、野中郁次郎監訳、高遠裕子訳／講談社／2006年
・『学習する組織――システム思考で未来を創造する』ピーター・M・センゲ著、枝廣淳子他訳／英治出版／2011年
・『世界はシステムで動く――いま起きていることの本質をつかむ考え方』ドネラ・H・メドウズ著、枝廣淳子訳／英治出版／2015年
・『ダイアローグ――対立から共生へ、議論から対話へ』デヴィッド・ボーム著、金井真弓訳／英治出版／2007年
・『手ごわい問題は、対話で解決する』アダム・カヘン著、ヒューマンバリュー訳、高間邦男 監修／ヒューマンバリュー／2008年

・『未来を変えるためにほんとうに必要なこと――最善の道を見出す技術』アダム・カヘン著、由佐美加子監訳、東出顕子訳／英治出版／2015年
・『シンクロニシティ【増補改訂版】――未来をつくるリーダーシップ』ジョセフ・ジャウォースキー著、金井壽宏監訳、野津智子訳／英治出版／2013年
・『源泉――知を創造するリーダーシップ』ジョセフ・ジャウォースキー著、金井壽宏監訳、野津智子訳／英治出版／2013年
・『自分の小さな「箱」から脱出する方法』アービンジャー・インスティチュート著、金森重樹監修、冨永星訳／大和書房／2006年
・『なぜ人と組織は変われないのか――ハーバード流 自己変革の理論と実践』ロバート・キーガン、リサ・ラスコウ・レイヒー著、池村千秋訳／英治出版／2013年
・『紛争の心理学――融合の炎のワーク』アーノルド・ミンデル著、永沢哲監修、青木聡訳／講談社／2001年

【著者プロフィール】

中土井 僚（なかどい　りょう）

オーセンティックワークス株式会社　代表取締役
社団法人プレゼンシングインスティチュートコミュニティジャパン　代表理事
特定非営利活動法人 Reach Alternatives（REALs）　理事
株式会社ミライバ　取締役

広島県呉市出身。同志社大学法学部政治学科卒。

リーダーシップ・プロデューサー。「自分らしさとリーダーシップの統合と共創造（コ・クリエイション）の実現」をテーマに、U 理論をベースとしたマインドセット転換によるその人にあったあり方（Being）のシフトと影響力の飛躍的な拡大の支援を行う。コーチング、グループファシリテーション、ワークショップリードなどの個人・チーム・組織の変容の手法を組み合わせることにより、クライアントのリーダーとしての拡大を支援するのはもちろんのこと、そのリーダーが実際に携わっているチーム・コミュニティ・組織の変容や進化も共に手掛けている。リーダーとの協働作業による共創造（コ・クリエイション）を実現しながら、場にターニングポイントをもたらし、人と組織の永続的な行動変容を生み出し続けている。過去に手掛けた組織変革プロジェクトは、業績低迷と風土悪化の悪循環が続いていた化粧品メーカーの V 字回復や、製造と販売が対立していた衣類メーカーの納期短縮など 100 社以上に及ぶ。

2007 年より、U 理論をベースにした個人向けのリーダーシップ開発プログラムの提供を行い、U 理論実践者であるチェンジ・オリジネーターの育成と支援活動も手掛けている。

◎オーセンティックワークス株式会社
ホームページ：http://www.authentic-a.com/
お問合せ：aw-office@authentic-a.com
ツイッター ID：@roadryo

◎社団法人プレゼンシングインスティチュートコミュニティジャパン
ホームページ :http://www.presencingcomjapan.org/
Facebook ページ「U 理論公式ファンページ」：https://www.facebook.com/theoryu

◎メールマガジン『未来からの問い』
http://www.authentic-a.com/aboutus/mm/

◎ LINE@『日々是内省』
http://line.me/ti/p/@ucn6882s

編集協力／浦田雅子（STYLE）
カバーイラスト・作画／松尾陽子

マンガでやさしくわかるU理論

2015年9月30日　初版第1刷発行
2023年7月10日　第11刷発行

著　者 —— 中土井 僚

発行者 —— 張 士洛
発行所 —— 日本能率協会マネジメントセンター

〒103-6009 東京都中央区日本橋2-7-1 東京日本橋タワー
TEL 03（6362）4339（編集）／ 03（6362）4558（販売）
FAX 03（3272）8127（販売・編集）
https://www.jmam.co.jp/

装丁／本文デザイン——ホリウチミホ（ニクスインク）
印刷・製本——三松堂株式会社

ISBN 978－4－8207－1934－2 C2034
落丁・乱丁はおとりかえします。
PRINTED IN JAPAN